큐티로 여는 요한복음 묵상

하나님의 손맛

큐티로 여는 요한복음 묵상

하나님의 손맛

초판 1쇄 인쇄 2012년 10월 10일
초판 1쇄 발행 2012년 10월 15일

지은이 | Cafe '생명의 삶과 함께하는 사람들' 펴냄
펴낸이 | 金泰奉
펴낸곳 | 한솜미디어
등 록 | 제5-213호

편   집 | 박창서, 김주영, 김수정, 이혜정
마케팅 | 김영길, 김명준
홍   보 | 김태일

주   소 | (우143-200) 서울시 광진구 구의동 243-22
전   화 | (02)454-0492(代)
팩   스 | (02)454-0493
이메일 hansom@hansom.co.kr
홈페이지 www.hansom.co.kr

ISBN 978-89-5959-328-6 (03810)

* 책값은 책 표시에 표기되어 있습니다.
* 잘못 만들어진 책은 구입하신 서점에서 친절하게 바꿔드립니다.

큐티로 여는 요한복음 묵상
하나님의 손맛

Cafe '생명의 삶과 함께하는 사람들' 펴냄

한솜미디어

머리말

故 김종성 목사 묵상집 제4편을 펴내면서…

무던히도 더웠던 여름을 뒤로하고 어느덧 소슬바람 불어오는 초가을의 입경에서 故 김종성 목사님의 묵상집 제4편을 출판할 수 있게 된 것을 진심으로 감사드립니다.

이미 출판된 1,2,3편만으로도 할 만큼 했다고 생각할 수 있겠지만 어려운 여건에서도 그가 남긴 묵상글들이 단 한 편이라도 빠지지 않고 세상 가운데 모두 빛을 볼 수 있도록 한마음 한뜻으로 이 일을 받들어 가는 '생명의 삶과 함께하는 사람들' 카페 회원들께 진심 어린 감사의 말씀을 드립니다.

이 일은 주님이 도우시지 않으면 될 수 없는 것이 분명한 것은 우리 중 어느 누구도 그를 만나 보지 못했고 모르는 사람인데 다만 생명의 삶 게시판에 올려진 묵상글에서 은혜를 받은 것 때문에 세상을 떠나고 없는 그분을 위해서 그리고 그가 묵상했던 주님의 말씀을 위해서 이렇게 변함없는 헌신을 보내주시는 것이 모두 주님의 도우심이고 은혜이기 때문입니다.

이번에 펴내는 제4편은 묵상일기 형식보다 '큐티로 열어가는 성경 강해' 형식으로 꾸미게 되었습니다. 이런 변화를 시도하게 된 이유는 이 책을 구입하시는 분들이 단순히 묵상 수필집 정도의 책이 아니라 성경이나 고전들처럼 영구보관하게 되기를 바라는 마음에서 변화를 시도했습니다.

따라서 이번 책에는 묵상을 이어간 날짜에 관계없이 요한복음·히브리서·에베소서·골로새서·디도서의 내용들을 담았는데 각각의 본문에서 어떤 묵상의 관점으로 써내려 갔는지 참고하시면 큰 유익이 될 것입니다.

아무쪼록 이번에 출간하게 된 故 김종성 목사님의 유고집 제4편도 지금까지 출판되어 나온 책들처럼 독자 여러분에게 사랑받는 책이 되고 각 개인의 큐티, 말씀 묵상을 도와주는 책으로써 역할을 하게 되기를 기대하며 故 김종성 목사 유고집 제4편을 세상에 내놓습니다.

이 일을 위해 같은 마음으로 헌신해 주시는 출판 위원들과 카페 모든 가족들에게 진심 어린 감사의 인사를 올립니다. 감사합니다,

사랑합니다, 축복합니다. 주님의 이름으로
2012년 9월 16일

故 김종성 목사 묵상집 출판 위원회 회장: 김진철
출판위원: 강민숙. 김경숙. 문인순. 임복자.
우혜경. 윤선옥. 최차종. 홍순진. 박해동

목차

머리말 — 4

Chapter 1

나도, 사람들도, 주님까지도 놀라실 한 해! — 12
장롱 권세! — 15
유혹, 그 자유로운 삶! — 18
GP(Great Person)의 비밀! — 22
24시 Open 점! — 25
진정한 승부사! — 29
사연 깊은 우물, 사연 많은 여자! — 33
바람 잘 날 없는 인생! — 37
초라한 제자, 신바람 난 여자! — 41
동네에서 세계로! — 44
인생의 봄이 오는 소리! — 48
김씨! — 53
동문서답! — 56
마귀가 무서워하는 큐티! 도망자, 추격자 그리고 뻔뻔한 나! — 59
7도 지진에도 견디는 뿌리 깊은 나무! — 63

Chapter 2

미워도 다시 한 번!	— 68
죽음도 손대지 못하는 생명 싸개!	— 72
돌 맞는 진리!	— 75
얼굴 붉힌 선생들!	— 77
목숨으로 담보한 사랑!	— 81
무공훈장감… 확인 사살!	— 84
두 개의 진단서!	— 88
아침 고요를 깨우는 함성!	— 92
놀란 가슴 쓸어내리며!	— 97

Chapter 3

이 시대의 영원한 금메달!	— 102
기적의 진원지!	— 104
차가운 수술대!	— 107
사랑의 팡파르!	— 109
주님처럼 나도 갑니다!	— 112
나는 주님의 어릿광대!	— 115
여백 없이~ 인생은 한 번 나답게 살기	— 119
가슴에 박힌 십자가!	— 122
플러스 묵상+한 편 속 두 편	— 126
묵상 나눔을 중단하는 이유!	— 129
마지막 눈물, 마지막 올인!	— 133
나도 쌍둥이입니다!	— 136

님은 먼 곳에! — 140
주님의 터프가이-베드로! — 142
삼세번의 비밀! — 145
디자인된 죽음! — 148

Chapter 4
스탠바이 수호천사 — 152
클릭. 클릭 또 클릭 그리고… — 155
나 떨고 있니? — 158
시련-외로움-우울증 그리고? — 161
살아있는 송장 — 164
Made in Heaven! — 167
풍성한 죽음 — 170
하나님의 손맛 — 173
좋은 것… 더 좋은 것… 최고 좋은 것 — 177
숙달된 타향, 낯선 본향 — 179
화려한 누더기, 뒹구는 면류관 — 182
출시 임박 히브리서 11장 속편 — 184
지금은 목욕 중 — 187
그래도 계속 가야 할 길 — 190
잘 꺼지지 않는 불 — 193
아슬아슬한 곡예사 — 196

Chapter 5

천 원짜리 묵상	– 200
정밀 진단 결과	– 202
긴 터널 입구에서	– 204
가까이 오신 주님!	– 206
영으로 껍질 벗기	– 208
지각 묵상 변병	– 210
격리 조치 해제!	– 213
고액의 치료비 청구서 앞에서	– 215
유괴당하는 영혼들	– 217
고품격 인생	– 220
그릇이 깨어진 날	– 222
하늘의 기운으로 일어서라	– 225
우리들만의 리그	– 227
영적 기상일보! 비 온 뒤 무지개	– 230
자연인, 종교인, 신앙인	– 233
끝이 아름다운 사람	– 235
故 김종성 목사 묵상집 1~4편 출간 및 신청안내	– 238
묵상집 신청방법	– 240

CHAPTER 1

묵상글 모음

2010. 01

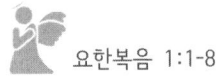 요한복음 1:1-8

나도, 사람들도, 주님까지도 놀라실 한 해!

빛은 그 속성상 감출 수가 없습니다.
군대 야간훈련 중에 절대로 담배를 피우면 안 됩니다.
그 작은 담배 불빛도 어둠을 뚫고
적들이 있는 건너편 능선까지 다다르기 때문입니다.

진리 안에는 생명이 있는데 이 생명은 빛입니다.
이 빛은 담뱃불 빛과 비교가 안 되는 참 빛입니다.
이 빛은 태양도 덮을 수 있는 빛입니다.

어느 날 어둠에 갇혀 살아가는 나에게 누군가가 이 빛을 전해 주었습니다.
그러나 사실 이 빛은 나를 향하여 계속 비추고 있었습니다.
단지 내가 그것을 알지 못했을 뿐입니다.
내가 갇힌 어둠이 그 빛을 막고 있었기 때문입니다.

이제 어둠은 걷히고 나는 빛을 받기 시작했습니다.
그 빛 안에는 생명이 있어 빛에 쪼이기 시작하면 자랍니다.
생명은 반드시 자라게 합니다.

단번에 자라는 것은 아닙니다.
한꺼번에 자라는 것은 악성종양입니다.
개인적 경험이기도 하고 주변에서 흔히 나타나는 간접경험이기도 합니다.
그래서 저는 예수 믿고 단번에 변했다는 사람 잘 믿지 않습니다.
변하게 한 은혜를 믿지 않는 것이 아니라 단번에 변했다는 그 착각을 믿지 않습니다.
그것은 도취된 감정이지 실제 변한 것은 아닙니다.
사실 변함은 뼈를 깎는 과정처럼 긴 시간을 통과하면서 만들어지는 결과입니다.

생명은 질서 있는 성장의 체계가 있습니다.
여러 객체와 조화를 이루면서 아름답게 자라게 합니다.

2010년 새해 떡국을 먹었습니다.
더불어 나이도 한 살 더 먹었습니다.
이제 육체가 자랄 나이는 지났습니다.
그러나 영적 세계에는 나이가 없습니다.

하나님이 그 빛 안에서 얼마나 자라게 하실지 기대가 됩니다.
놀라우신 은혜로 쑥쑥 자라게 하실 것을 기대합니다.

생명 안에서 자라는 것도 기적입니다.
내가 어둠만 불러들이지 않는다면
자람, 성장, 발전, 전진, 성취는 주님이 보증을 서신 확실한 은혜입니다.

올 한 해 생명이신 말씀 안에서
나의 영적인 키가 얼마나 자랄까 미리 재봅니다.
벌써 흥분과 감격이 밀려옵니다.

GP는 쑥쑥 자랍니다.
주님도 깜짝 놀라실 정도로 자랍니다.
주님도 놀라시니 사람들이 놀라는 것은 당연합니다.

올 한 해 자주 듣게 될 감탄의 소리를 미리 들어봅니다.
"아니, 당신이 그 김 목사 맞습니까?"

【기도】 주님, 어둠의 세력들에게 시험 들지 않게 하소서!
【적용】 잡념 물리치기!

 요한복음 1:9-18

장롱 권세!

그가 대답하되 나를 들어 바다에 던지라 그리하면 바다가 너희를 위하여 잔잔하리라 너희가 이 큰 폭풍을 만난 것이 연고인 줄을 내가 아노라 하니라 [요 1:12]

하나님 자녀 됨의 권세를 누리지 못하게 만드는 두 가지 적이 있습니다.
하나는 사람들의 정죄입니다.
또 하나는 전자보다 더 강력한 힘을 가졌는데 바로 '자격지심'입니다.
외부로부터 오는 정죄도 만만치는 않지만 자격지심보다는 수월합니다.
아마 남들보다 자신의 실체를 더 잘 알기 때문일 것입니다.

하나님은 내가 나를 바르게 보는 것을 기뻐하십니다.
자신에 대해 보다 더 관대하게 대할 필요가 있습니다.
자기를 비하하는 것이 곧 경건의 표징은 아닙니다.
자기를 높이는 것과 관대하게 대하는 것은 다른 차원입니다.
경건을 추구할 때 자신을 엄격하게 대합니다.
그러나 여기엔 함정이 있습니다.
의로움의 주체를 자신으로 착각하는 것은 마귀의 함정입니다.
의로움의 바탕은 내가 아니라 주님의 은혜입니다.
나는 완벽하기 때문에 하나님의 자녀가 된 것이 아닙니다.

나는 여전히 허물투성이요, 연약함의 상징입니다.
그러나 주님은 현재의 나를 완벽한 자녀로 보십니다.
'누가 정죄하리요 의롭다 하신 이는 그리스도 예수시니'

자신의 약함을 빙자해서는 안 되지만 약함에 너무 집착해서도 안 됩니다. 기도를 조금 게을리하거나 예배를 좀 소홀히 하면 마치 성령님이 떠나시는 것 같은 지나친 영적 결벽증은 하나님의 은혜를 무효화시키는 일에 일조하기는 마귀의 정죄만큼이나 파괴적입니다.

하나님은 나를 특별히 대하십니다.
그러니 나도 적극적으로 하나님의 자녀 됨의 권세를 누려야겠습니다.
권세를 가졌지만 누리지 않는다면 있으나 마나 한 장롱 면허증에 불과합니다.
면허증을 따서 장롱 깊숙이 숨겨두면 없는 것이나 마찬가지입니다.
가끔 꺼내서 자랑하려고 면허증을 딴 것은 아닐 테니까요.

매일 매 순간 권세를 누려야 내가 하나님의 자녀임을 확신할 수 있습니다.

새벽 3시에 깼습니다.
며칠째 목이 얼마나 아픈지 침도 삼킬 수 없고 말 한마디 하기가 물고문 버금갑니다.
말씀을 펼쳐놓고 묵상하니 하나님 자녀의 권세에 대한 본문입니다.
내가 무기력하게 통증에 짓눌려 있음을 깨닫게 되었습니다.
묵상 후 은혜 주신 대로 통증을 향하여 하나님의 자녀 됨의 권세를 사용했습니다.

통증을 꾸짖고 떠나가라고 선포했습니다.

새벽 설교 때 목을 사용할 수 있었습니다.
그렇다고 통증이 완전히 사라진 것은 아닙니다.
그러나 통증에 짓눌려 입을 열지 못하는 패배는 막을 수 있었습니다.

하나님의 은혜를 입은 GP는 어떤 상황에서도 권세를 사용할 수 있습니다.
어떤 화살도 창도 막아내는 하나님의 은혜가 나를 호위하고 있기 때문입니다.

'여호와여 주는 의인에게 복을 주시고 방패로 함같이 은혜로 그를 호위하시나이다'[시5:12]

장롱 속에서 먼지만 소복이 쌓여가는
하나님의 자녀 권세증을 이제 꺼낼 때가 되었습니다.
운전면허증과 달라서 하나님의 자녀 권세증에
유효기간이 없는 것이 얼마나 큰 은혜인지 모릅니다.

【기도】 주님! 눈을 열어 권세의 크기를 보게 하시고 사용하게 하소서!
【적용】 위축되지 않기!
【PS】 나를 누르는 다양한 세력이 있습니다. 그러나 두려워하지 않는 것은 하나님이 그 세력들을 다 발로 밟고 계시기 때문입니다. 당신은 하나님의 위대한 권세입니다. GR

요한복음 1:19-28

유혹, 그 자유로운 삶!

또 말하되 누구냐 우리를 보낸 이들에게 대답하게 하라 너는 네게 대하여 무엇이라 하느냐 이르되 나는 선지자 이사야의 말과 같이 주의 길을 곧게 하라고 광야에서 외치는 자의 소리로라 하니라
[요 1:22-23]

세례 요한이 요단 강에서 세례를 베푸는 것이
바리새인들의 눈을 거슬리게 했나 봅니다.
단순한 세례가 문제가 아니라
많은 사람이 회개하는 영적 대 각성 운동이 일어났기 때문입니다.
세리에서부터 군인에 이르기까지 당시 부정과 부패로 상징되던 이들이
회개할 정도로 요한의 사역은 사람들의 주요 관심이었습니다.

마치 요한이 그리스도와 엘리야로 보일 만큼 그에게서 나타나는 현상은
사람들을 놀라게 했습니다.
당시 백성들은 그리스도를 몹시 기다리고 있었던 때였기에
요한의 사역은 백성들의 큰 관심거리였습니다.
졸지에 스타가 된 것입니다.

지금 요한의 말 한마디는 엄청난 파문을 일으킬 수 있는 순간입니다.

모두 요한의 입만 주목하고 있습니다.
그러나 요한의 입에서는 그들의 기대를 무너뜨리는 엉뚱한 대답이 나오고 말았습니다.

그토록 기다리는 그리스도도 아니고 엘리야도 아니고 하물며 그 선지자도 아니라고 대답합니다.
분명히 요한의 사역에서 나타나는 현상은 하나님이 보내신 그리스도와 엘리야 그리고 그 선지자에게서 나타나는 현상과 비슷한데 말입니다.

어디를 가나 자기를 소개하는 절차가 있습니다.
그럴듯한 직함이나 영향력을 가졌다면 문제가 없겠지만 딱히 내세울 것이 없으니 늘 대략 난감입니다.
남들처럼 길게 소개하면 좋을 텐데 내용이 길어야 3분 거리도 안 되기 때문입니다.
길게 그리고 특별한 내용으로 뭔가 주목받을 만한 사람이라는 인상을 주고 싶은데 그럴만한 것이 없으니 말입니다.

참으로 힘든 것 중의 하나가 이미지 관리입니다.
여러분이 제 글을 읽고 교회를 찾아오겠다고 합니다.
참 반가운 반응입니다.
그러나 마음 한구석은 불편합니다.
교회를 방문하면 실망할 것이라는 생각 때문입니다.
글을 보면 굉장히 부흥하는 교회 목회자로 느껴지나 봅니다.
(부흥하는 교회의 특징이기는 합니다만)

신경 써서 주보를 직접 만들고 그 주보 안에는 '김 목사의 행복한 생각'이라는 직접 쓴 수필까지 있습니다.
성도들이 전도할 때 주보를 사용합니다.
그래서 종종 모르는 분들로부터 전화를 받습니다.
주보를 보고 전화를 드렸는데 하면서 주보가 참 특이하다고 합니다.
그러면서 교회에 대해 묻습니다.
교회 위치, 성도 숫자, 몇 년 되었지 등등.
아주 곤란한 질문들입니다.
왜냐하면 주보에 비친 교회 상과 실제 교회실정이 다르기 때문입니다.
변두리요, 개척 교회요, 지하요, 성도 숫자는 두 자리 숫자를 넘지 못하니 말입니다.
그래서 최고의 이미지 관리기법은 자신의 모습을 드러내지 않고 베일에 가려두는 것입니다.

세례 요한은 영성이 참 깊으신 분입니다.
명함에 단지 이렇게만 인쇄되어 있으니 말입니다.
'광야의 외치는 소리'
아니 이것도 자기소개라고 하시는지.
"소리라니, 그럼 사람도 아니라는 말인가?"

명함에 박사 증 두 개 정도, 국가조찬기도회 멤버, 총회장과 부흥회회장 역임, 40일 금식기도 3번 수행 등등의 화려한 내용으로 채울 수도 있었는데 말입니다.

그러나 요한은 'Confessed Freely' 합니다.

타인들의 기대로부터 자유롭고, 자기 모습에 대해 자유로운 사람.

그럼 이미지 관리의 유혹 앞에서 늘 주춤거리는 나는 누구인가?
나는 언제 남들이 바라는 이미지에 나를 덮어두지 않고 실제 내 모습을 숨김없이 드러낼 수 있는 자유로운 사람이 되는지.
또 갈 길이 멀어 보입니다.
세례 요한님이 발이 부어터지도록 걸어 다니신 광야만큼이나 멀어 보입니다.

광야에는 그 자유로운 삶이 숨어 있습니다!
주님이 요한을 세상의 이미지로부터 해방시켜 주신 것처럼 주님이 나도 자유롭게 해주시기를 소망합니다.

【기도】 주님, 자신에 대해 자유롭게 되기를 소망합니다!
【적용】 꾸미지 않기!
【PS】 누군가가 주눅이 들게 합니다. 그렇다고 불끈하여 반응하면 나도 그 아류에 속하게 됩니다. 당신은 하나님의 위대한 지존입니다! GP

MEMO

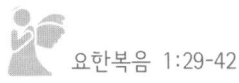 요한복음 1:29-42

GP(Great Person)의 비밀!

이튿날 요한이 예수께서 자기에게 나아오심을 보고 이르되 보라 세상 죄를 지고 가는 하나님의 어린 양이로다. 내가 전에 말하기를 내 뒤에 오는 사람이 있는데 나보다 앞선 것은 그가 나보다 먼저 계심이라 한 것이 이 사람을 가리킴이라

[요 1:29-30]

보라, 보라, 보라!
이것이 요한의 사역입니다.
자신을 향한 모든 이들의 시선을 예수께로 향하게 합니다.

요한은 예수를 나타내는 것만이 자신의 존재 목적이라고 말합니다.
참 허망한 삶입니다.
2인자의 삶은 그림자의 삶에 불과합니다.
2인자는 곧 잊힙니다.
그래서 세상에는 2인자를 위한 기념비는 없습니다.
세상은 1인자만 기억합니다.

그런데 요한은 자신을 중심으로 삼지 않고 자기의 모든 것을 내어줍니다.
하물며 자신의 제자들까지 보내줍니다.

주목받기 원하는 것은 사람의 본능인데 어떻게 스스로 주인공의 자리에서 내려올 수 있을까?
주님은 요한에게 별명을 하나 만들어주셨습니다.
'여자가 낳은 자 중에 가장 큰 자'

세상에서의 큰 자는 많이 가진 자, 많이 배운 자, 많은 권력을 가진 자, 키가 크고 핸섬한 자, 건강한 자, 좋은 배경을 가진 자, 훌륭한 가문에서 태어난 자… 등등입니다.
이것들은 세상에서 동경하는 스펙들입니다.

그러나 주님이 기뻐하시는 큰 자는 자기를 비우는 자입니다.
요한은 비우므로 큰 자가 되었습니다.

GP(큰 자)는 주는 사람입니다.
다 내어주는 사람이 큰 자입니다.
그러나 작은 자는 악착같이 움켜쥡니다.
움켜잡는다고 내 것이 되는 것도 아닌데도 그렇게 합니다.
본능이기 때문입니다.

오히려 주님은 비우는 자에게 다 주십니다.
주는 자가 복이 있는 이유는 비워진 부분을 주님이 채워주시기 때문입니다.
다 내어주므로 비워진 요한은 성령님으로 충만했습니다.
그는 결코 세상이 감당할 수 없는 사람이 되었습니다.
너무 커서 세상도 담을 수 없는 사람이 되었습니다.
이것이 세상도 담을 수 없는 GP(큰 자)가 되는 비밀입니다.

내어주는 일은 큰 자만이 할 수 있습니다.

주님은 남김없이 다 주셨습니다.
그래서 십자가는 상징적인 의미가 있습니다.
두 팔을 벌린 채 못 박히신 주님의 모습은 '大' 자입니다.

작은 직함 하나에, 부스러기 같은 이익에 얼굴을 붉히며 지키려는 나의 키는 얼마나 될지 궁금합니다. 아니 그보다 먼저 걱정이 앞섭니다. 주님의 자로 재면 분명 난쟁이로 판명 날 테니까요.

【기도】 주님, 움켜쥐려는 궁색한 마음을 고쳐주소서!
【적용】 내어주기!
【PS】 인색한 것이 지혜로 보이는 현상이 나타납니다. 그러나 인색함은 지혜가 아니라 영적 무지입니다. 당신은 하나님의 위대한 사람입니다! GP

 요한복음 3:1-8

24시 Open 점!

그런데 바리새인 중에 니고데모라 하는 사람이 있으니 유대인의 지도자라 그가 밤에 예수께 와서 이르되 랍비여 우리가 당신은 하나님께로부터 오신 선생인 줄 아나이다 하나님이 함께 하시지 아니하시면 당신이 행하시는 이 표적을 아무도 할 수 없음이니이다
[요 3:1-2]

니고데모는 밤에 주님을 찾아갑니다. 아주 무모한 짓입니다.
그는 예수님과 이해관계가 충돌하는 그룹의 일원입니다.
바리새인이요 관원입니다.
당시 예수님은 이들에게는 이단적 존재였습니다.

그는 밤을 이용할 정도로 아주 위험한 행동을 합니다.
니고데모가 왜 주님을 찾아갔는지는 주님의 대답을 통해 짐작해 볼 수 있습니다.
그는 하나님 나라에 대한 비밀을 알고 싶었던 것입니다.

놀랍게도 그는 주님을 만나기 전에 이미 믿음을 가지고 있었습니다.
'우리가 당신은 하나님에게서 오신 선생인 줄 아나이다'
내가 아니라 우리라고 하는 말을 통해 그가 믿는 자들의 그룹에 속해 있음

을 알 수 있습니다.
그는 주님이 행하신 표적을 보고 믿었습니다.
놀라운 것은 주님이 행하신 표적이라는 간접 경험만으로 주님을 믿었다는 것입니다.
니고데모는 소경 되었다가 눈이 떠진 자도 아닙니다.
걷지 못하다가 걷게 된 앉은뱅이도 아닙니다.
문둥병에 걸렸다가 깨끗함을 받은 병자도 아닙니다.

다만 주님이 누군가에게 베푸신 간접적 표적만으로 주님을 믿었습니다.
물론 온전한 믿음은 아닙니다.
그러기에 주님이 하나님 나라의 비밀을 알려주십니다.

낮에 할 수 없다면 밤을 이용해서라도 은혜를 받고자 하는 그의 믿음이 도드라져 보입니다.
특히나 많은 위험을 무릅쓰고 찾아간 그의 과감한 행동은 조그만 위험 요소 앞에서도 늘 주춤거리는 나에게는 상당한 도전이 됩니다.

밤에 역사가 이루어진다는 말은 부정적으로 사용되는 말이지만 니고데모는 이 말의 의미를 도치시킨 선구자 같은 사람입니다.

대부분 밤은 나쁜 일을 도모하기에 적합한 시간입니다.
밤에 은밀히 행하는 사람은 엉큼한 사람입니다.
밤은 타락이 꽃을 피우는 시간입니다.
물론 타락은 밤낮을 가리지는 않지만 그래도 타락의 절정은 밤입니다.

GP(위대한 사람)는 밤을 창조적으로 활용합니다.
물리적인 밤 시간뿐만 아니라 정신적인 밤 시간 즉, 혹독한 시련의 시기에도 위대한 사람은 창조적인 일을 도모하는 사람입니다.
SP는 시련이 닥치면 앞이 캄캄해 한 치 앞도 분간하지 못합니다.
그래서 아무 일도 못합니다.

그러나 GP에게는 낮도 기회이지만 밤은 더 좋은 기회입니다.
위험을 무릅쓰지 못하는 경쟁자들을 다 따돌릴 수 있습니다.
낮에 변장하고 주님을 찾아갈 수 있었습니다.
그러나 낮에 갔다면 변장을 해도 주님을 만날 수 없습니다.
월말에 은행창구에서 번호표 뽑고 기다려야 하듯 한없이 기다려야만 합니다.
그러니 오히려 밤이 더 좋은 기회입니다.
앞이 캄캄한 시련의 때에 주님을 찾는 이는 주님에게 밤하늘의 별처럼 도드라져 보입니다.

하나님의 은혜는 밤낮을 가리지 않습니다.
주님도 주로 밤에 일하십니다.
주님은 밤에 만나를 만들어주십니다. 그래야 새벽에 백성들이 거둘 수 있기 때문입니다.
만약 주님이 밤에 조시거나 주무시기라도 하는 날이면 백성들은 다음 날 손가락만 빨고 있어야 합니다.
SP(GP의 반대)는 좋은 때만 기다립니다.
그래서 늘 기회가 적다고 불평합니다.
그러나 GP에게는 매 순간이 낮이나 밤이나 한결같은 기회의 시간입니다.

주님은 밤에 찾아오는 니고데모를 기다리고 계셨습니다.
니고데모만 아니었다면 주님은 기도하러 산에 가셨을 겁니다.
주님은 그를 위해 밤 스케줄을 비워두셨습니다.

밤낮을 가리지 않고 은혜를 구하는 백성을 위해 주님은 기다리고 계십니다.
밤말은 쥐가 듣고 낮말은 새가 듣는 것처럼 밤이라고 안전한 것은 아닙니다.
그러나 주님은 위험을 감수하고 찾아온 니고데모를 지켜주십니다.

주님의 은혜는 영업시간이 따로 없습니다.
그야말로 '24시 Open 은행'입니다.
내가 잠들지만 않는다면 필요할 때 언제든지 은혜를 인출할 수 있습니다.

【기도】 주님, 영적인 밤에도 은혜의 빛을 보게 하소서!
【적용】 주님 은혜 구하기!
【PS】 앞이 깜깜하게 느껴지는 일이 있습니다. 밤은 나를 빛나게 하기 위한 주님의 은혜입니다. 당신은 하나님의 위대한 별입니다! GS

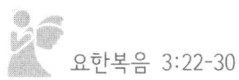
요한복음 3:22-30

진정한 승부사!

그들이 요한에게 가서 이르되 랍비여 선생님과 함께 요단 강 저편에 있던 이 곧 선생님이 증언하시던 이가 세례를 베풀매 사람이 다 그에게로 가더이다. 요한이 대답하여 이르되 만일 하늘에서 주신 바 아니면 사람이 아무것도 받을 수 없느니라. 그는 흥하여야 하겠고 나는 쇠하여야 하리라 하니라 [요 3:26-27,30]

요한의 제자들은 화가 났습니다.
스승 요한이 세례의 원조인 줄 알고 있는데 또 다른 분이 세례를 베풀고 있었기 때문입니다.
이것이 요한의 제자들이 유대인들과 말다툼을 하게 된 이유이기도 합니다.
요한의 제자들은 열심히 요한의 세례를 알리고 다니는데 사람들이 다른 곳으로 몰려가자 황당했습니다.
더군다나 자기들은 세례 베풀기에 더 좋은 장소를 차지하고 있었습니다.
'거기 물들이 많음이라'

자기들의 공동체가 약화되는 것을 지켜보는 것은 치욕입니다.
더군다나 선발주자라고 생각한 자기들이 경쟁에서 진다고 생각하니 받는 치욕은 갑절입니다.
자기들의 공동체에 대한 제자들의 애정 어린 마음이 도드라져 보입니다.

옳고 그름을 떠나 자기 공동체에 대한 진정한 애정은 공동체 존립의 절대 조건입니다.

공동체에 속해 있으면서도 공동체에 진정한 애정을 쏟는 대신 공동체를 이용하는 데만 혈안이 된다면 그 공동체는 곧 공동화될 것입니다.

물론 예수님이 흥하는 것은 당연합니다.

어찌 요한이 예수님과 맞짱을…

요한의 제자들이 아무리 저항하더라도 그렇게 되고 말 것입니다.

하나님의 뜻이니 말입니다.

그래서 예수님의 세례에 대해 요한의 제자들이 펄펄 뛰는 모습은 바람직한 모습은 아니지만, 그들의 공동체를 아끼는 마음 하나는 본받고 싶습니다.

고상한 가치가 그 사람의 근본적 철학이 되는 것이 아니라 그가 처한 입장이 그 사람의 행동을 결정짓는 철학이 됩니다.

입장이 다르면 철학이 하나 될 수 없는 이유입니다.

자기가 처한 입장이 곧 그 사람의 근본적 관점이 됩니다.

목사 개인의 입장에서 보면 근사하게 새로 건축한 옆 교회로 휑 하니 옮겨 가는 성도가 밉습니다.

물론 이런 감정 오래 간직하면 안 되지만(자기 건강을 위해서도) 그리고 훌륭한 목회자가 있는 교회로 옮겨가는 것은 성도들만의 특권이지만 이런 일을 당할 때 목사는 심한 모욕을 느낍니다.

그래도 떠난다는 성도 붙잡거나 미련을 두는 것만큼 바보 같은 짓도 없습니다.

그런 일에 낭비하는 에너지 아껴서 새 신자 전도하는 데 활용하는 것이 훨씬 유익합니다.

떠난 사람에 미련을 두면 새 사람이 보이지 않는 법입니다.

요즘 교회공동체 와해 현상을 자주 보거나 듣습니다.
좋은 곳으로 옮겨가는 그 현상 밑에는 감지하기 어려운 뿌리 깊은 어떤 악한 기운이 숨어 있습니다.
그것이 곧 '무책임한 기운(영)'입니다.
그런 개인의 작은 기운들이 모여 결국 전체를 흔드는 괴물로 자라납니다.
이게 대형 교회 안에 교묘하게 똬리를 틀고 숨어 있습니다.
자기 때를 기다리면서.

이것이 자기 교회 성도 한 명 늘었다고 마냥 좋아해서는 안 되는 이유입니다.
이런 성도는 올 때는 혼자지만 나갈 때는 주변 사람들을 몽땅 몰고 나갑니다.
소몰이 같은 성도는 그렇게 해서 만들어집니다.
사실은 교회가 그런 소몰이를 양성하고 있습니다.
모두를 망하게 할 소몰이를.

오늘 묵상은 개척교회 목사의 부질없는 넋두리 같습니다.
그래도 오늘 본문에 참 은혜가 되는 것은 목회는 장소가 아니라는 것입니다.
장사하려면 목이 좋아야 하듯이 목회도 장소가 중요하다고 하는데 꼭 그런 것은 아닙니다.
목 좋은 것으로 따지면 예수님 목보다 요한의 목이 훨씬 뛰어납니다.
'요한도 살렘 가까운 애논에서 세례를 주니 거기 물들이 많음이라'
물 많은 곳에서 세례목회를 하는 요한은 예수님보다 좋은 조건입니다.
그러나 성도들은 예수님께로 몰려갑니다.

그들은 보이지 많은 생수를 마시고 싶었던 것입니다.

소문난 음식점이 한적한 곳에 있어도 사람들은 몰려옵니다.
사람들은 근사한 건물 구경하러 식당에 가는 것이 아니기 때문입니다.
어느 허름한 식당을 갔더니 이런 표어가 붙어 있었습니다.
'우리는 맛으로 승부합니다!'

GP(위대한 사람)는 맛으로 경쟁합니다.
SP는 겉모습에 목을 맵니다.
GP(Great Pastor)는 건물이 아니라 은혜의 맛으로 승부합니다.
그런데 은혜의 맛도 별로요, 그나마 버틸 건물도 없다면 '퇴출 1순위'입니다.
은혜의 맛만 있다면 '호출 0순위'입니다.
자기 마음에 드는 목회지 골라 갈 수 있습니다.
목회지가 없는 게 문제가 아니라 맛이 없는 게 진짜 문제입니다.
이것을 절감하는 사람이 진정한 승부사입니다.

【기도】 주님, 먼저 주님의 맛에 푹 빠지게 하소서! 술꾼이 술에 절듯이 주님의 은혜에 절게 하소서!
【적용】 주일 설교 말씀 붙들고 기도 산 올라가기!
【PS】 누군가 대들 것입니다. 진정한 승부사는 싸우지 않고 이깁니다. 당신은 하나님의 위대한 승부사입니다! GV

 요한복음 4:1-10

사연 깊은 우물, 사연 많은 여자!

예수께서 대답하여 이르시되 네가 만일 하나님의 선물과 또 네게 물 좀 달라 하는 이가 누구인 줄 알았더라면 네가 그에게 구하였을 것이요 그가 생수를 네게 주었으리라
[요 4:10]

사마리아 접경지역에 야곱의 깊은 우물이 있습니다.
11절-여자가 이르되 주여 물 길을 그릇도 없고 이 우물은 깊은데
뭔가 굉장히 부조화한 장면입니다.
부자연스런 느낌을 떨쳐낼 수가 없습니다.

'야곱의 깊은 우물'
이스라엘의 적통(적자 자손의 계통) 계보를 잇는 야곱의 이름이 낯선 곳, 그것도 저주받아 상종치 못할 사람들이 사는 땅에 너무나 또렷하게 새겨져 있기 때문입니다.
아브라함, 이삭, 야곱, 요셉, 유다… 그래서 예수님까지.
마태복음에 소개되고 있는 적통 계보와 일치합니다.

말 그대로 야곱이 판 야곱 소유의 깊은 우물입니다.
수백 년 전에 판 야곱의 깊은 우물에 의지하며 사는 사람들이 있었던 것

니다.

보통 좋은 우물은 동네 한가운데 있습니다.
그래야 이용하기 편합니다.
그런데 야곱의 깊은 우물은 동네에서 좀 떨어진 곳에 있습니다.
제자들이 먹을 것을 사러 동네로 들어간 것이 증명해 줍니다.

사마리아에 이 우물만 있는 것은 아닐 것입니다.
하나님은 동네 한가운데 위치한 좋은 우물물을 먹을 수 없는 사람들을 위해 아주 오래전에 야곱의 깊은 우물을 예비하셨습니다.
적통 우물을 마실 수 없는 사연 많은 사람을 위해 야곱의 깊은 우물을 주셨습니다.

세상 한가운데 당당한 사람들이 마시는 얕은 우물이 있습니다.
그러나 동네 어귀에는 동네 한가운데 있는 우물을 마시지 못하는 사람들을 위한 야곱의 깊은 우물이 있습니다.
결코 물맛이 같을 수가 없습니다.

왜 예수님이 야곱의 깊은 우물을 찾아가셨는지 알 것 같습니다.
많은 사연을 가진 여인이 이용하는 야곱의 깊은 우물은 장차 예수님 사역의 상징입니다.
예수님은 당당한 세상 사람들(적통 유대인들=율법의 물을 마시는 사람들=의인들)이 마시는 얕은 우물이 아닙니다.
예수님은 의인을 위한 우물이 아닙니다.
예수님은 동네 밖에 있는 우물을 마셔야만 살 수 있는, 사연 많은 여인을 위한 깊은 우물입니다.
예수님은 죄인을 위한 생수입니다.

예수님은 아픈 사연을 가진 사람들을 찾아가십니다.
원래 죄가 더한 곳에 은혜가 더하는 법입니다.
남용해서는 안 되지만.

사마리아 여인이 마시는 야곱의 깊은 우물에는 하나님의 깊은 사연(복음)이 숨어 있습니다.

이제는 야곱의 깊은 우물이 사마리아에 있는 것이 부자연스럽지 않습니다.
교회가 세상 한가운데 있는 것이 당연합니다.

GP는 세상의 얕은 물을 마시지 않습니다.
SP는 세상 물도 마시고 예수님도 마십니다.
그래서 SP는 배탈이 자주 납니다.
섞일 수 없는 두 물이 섞이니 당연합니다.
물맛이 같을 수가 없습니다.

GP는 오직 예수님을 마십니다.
다른 물은 없습니다.
예수님을 대신할 수 있는 다른 물은 없습니다.

예수님은 하나님의 깊은 심장에서 퍼내신 생수입니다.
GP는 하나님이 직접 깊게 파 놓으신 적통 우물만 마십니다.

GP가 싱싱하게, 에너지 넘치는 삶을 사는 이유입니다.

하나님의 깊은 생수 되시는 예수님을 마시는 내가 맛있는 사람이 되는 것은 당연하고, 그것이 깊은 우물을 주신 하나님의 깊은 뜻이기도 합니다.

【기도】 주님, 많은 사람이 마시는 가짜 생수에 기웃거리지 않게 하소서!
【적용】 주의 은혜 구하기!
【PS】 외진 곳에 사는 것 같은 고립감을 느낄 수 있습니다. 외진 곳은 주님을 만나는 우물입니다. 당신은 하나님의 위대한 사랑입니다! GL

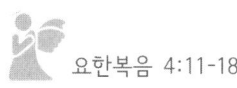 요한복음 4:11-18

바람 잘 날 없는 인생!

이르시되 가서 네 남편을 불러 오라 여자가 대답하여 이르되 나는 남편이 없나이다. 예수께서 이르시되 네가 남편이 없다 하는 말이 옳도다. 너에게 남편 다섯이 있었고 지금 있는 자도 네 남편이 아니니 네 말이 참 되도다 [요 4:16-18]

남편이 다섯이 있었고 지금 또 다른 남자와 살고 있다면 평범한 여자는 아닙니다.
당시의 사회적 관습으로 보면 그 사회에서 퇴출당한 여자입니다.
아마 그 여자의 가슴 한가운데 이런 주홍글씨가 크게 새겨져 있을 것입니다.
'바람난 여자'
그래서 동네 한가운데 있는 우물을 이용할 수 없어 먼 곳까지 물 길으러 와야만 했습니다.

얼마 전 할리우드 스타 여배우가 또 다른 남자와 결혼한다는 뉴스를 들었습니다.
그 여배우는 기자회견을 열어 네 번째 하는 결혼을 세상에 알립니다.
그것도 행복한 함박웃음을 가득 머금고 말입니다.
그 뉴스를 듣는 사람들은 그 여인을 동경하는 눈빛으로 바라봅니다.

어떤 여배우는 여러 번 이혼 후에 이제는 14살 연하의 남자와 결혼했습니다.
모든 여자의 부러움을 한 몸에 받으면서 말입니다.
형편만 된다면 다섯 남편도 부족합니다.
할 수만 있다면 오십 남편도 마다하지 않습니다.
할리우드 스타들만의 이야기는 아닙니다.
우물가 여자만의 이야기가 아닙니다.

우물가의 여자는 투영된 나의 모습입니다.
내가 바로 밑 빠진 독입니다.
붓고 또 부어도 차지 않는 블랙홀입니다.

현재에 감사하지 않는 마음은 모든 것을 빨아들이는 블랙홀입니다.
남편에 관한 이야기만이 아닙니다.
아주 사소한 것에 감사하지 않는 내가 바로 우물가의 바람난 여자입니다.
우물가의 여인은 모든 것에 감사하지 않는 나의 투영된 본체입니다.
주님만이 이 무시무시한 블랙홀을 메울 수 있습니다.
감사하지 않는 마음을 채울 수 있는 분은 주님뿐입니다.

주님이 내 안에 가득하면 감사가 넘칩니다.
주님이 내 안에 계시면 남편 하나만으로도 충분합니다.
그것마저 없어도 별 상관없습니다.
사도 바울은 이것을 알았습니다.
'내 뜻에는 그냥 지내는 것이 더욱 복이 있으리라' [고전7:40]
사람들이 목숨 걸고 쫓아다니는 그것들(남편을 포함한 모든 것)이 오히려 부질없어 보이고 거추장스럽게 느껴지는 이유는 내 안에 주님이 계시기 때문입니다.
주님은 내 안에 욕망의 블랙홀을 메우시기에 충분하신 분입니다.

이게 원리라면 내가 범사에 감사 대신 불평하는 이유는 분명해집니다.
내 욕망의 블랙홀을 메우실 주님을 영접하지 않았거나, 아니면 어디로 출장 가셨거나.

항상 기뻐할 수 있는 것은 주님이 내 안에 계실 때뿐입니다.
이러한 불평이 스멀스멀 피어오를 때 부족한 것을 앙망하는 대신 주님을 찾아 나서야 하는 이유입니다.

내가 바라보는 그것은 언젠가 나에게 등을 돌립니다.
내가 목매면서 앙망하는 것은 언젠가 나를 바람맞힙니다.
주님은 바람맞는 운명에 빠진 나를 위해 십자가 위에서 하나님 아버지께 모진 바람을 맞았습니다.
주님은 바람맞는데 이골이 나셨습니다.
그동안에도 내가 얼마나 많이 주님을 바람맞혔는지 모릅니다.
그것도 부족해서 눈만 뜨면 여전히 주님을 대신할 무엇인가를 찾고 있습니다.

모든 것에 감사하지 않는 마음이 곧 바람난 마음입니다.
모든 것에 감사하는 것은 모든 것을 바람맞힙니다.
지금 부족하다고 불평하는 모든 것은 언젠가 나를 바람맞힙니다.
그러니 미리 선방(미리 날리는 한방)을 날려야 합니다.

그것도 멋지게.
감사가 최선의 선방입니다.
그렇지 않으면 언젠가 모든 것으로부터 바람맞습니다.
그것도 꼴사납게.

물을 대신할 수 있는 것은 물밖에 없습니다.
허한 영혼을 채울 영혼의 생수는 주님뿐입니다.

GP는 진짜 생수 맛을 압니다.
SP는 홍수 중에도 목마릅니다.
그러나 GP는 가뭄 중에도 잔이 넘치도록 마십니다.

【기도】 주님, 마르지 않는 주님 은혜에 흠뻑 빠지게 하소서!
【적용】 모든 일에 감사하기!

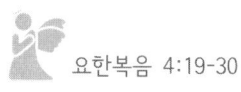 요한복음 4:19-30

초라한 제자, 신바람 난 여자!

나의 행한 모든 일을 내게 말한 사람을 와보라 이는 그리스도가 아니냐 하니

[요 4:29]

정작 사마리아에 그리스도를 전파할 사람들은 제자들입니다.
그런데 그들은 주님이 그토록 사랑하는 사마리아 동네에 들어갔다 왔음에도 그들의 손에는 덩그러니 빵 봉지 몇 개만 들려 있습니다.
제자들에게 사마리아는 먹을 것을 얻는 장소에 불과했습니다.

그러나 마시지 못하면 생명이 위협받는 물을 길러온 여인은 물동이를 팽개치고 동네로 뛰어 들어가 예수님을 전파합니다.
죽음을 불사하고 예수님을 전파할 사명자들과 겨우겨우 부끄럽게 살아가는 여인의 역할이 뒤바뀌고 말았습니다.

손은 그 사람의 삶을 말해줍니다.
손에 들려 있는 그것이 곧 그 사람입니다.
육체의 손, 그리고 마음의 손이 그 사람의 '인증서=아이덴티티'입니다.
제자들의 손에는 빵 봉지 몇 개가 전부입니다.
그러나 여자는 십자가를 들고 숨어 다녀야 할 동네를 헤집고 다닙니다.

신바람 났습니다. 하여튼 이 여인은 바람 일으키는 분야에서는 기네스북에 오르기에 충분합니다.

주님의 외침이 우물가를 진동합니다.
"무엇을 먹을까 무엇을 마실까 염려하지 마라 너희는 먼저 그의 나라와 그의 의를 구하라!"

예수님과 친숙하다고 하나님 나라가 확장되는 것은 아닙니다.
예수님 가까이 있다고 전도를 잘하는 것도 아닙니다.
오히려 예수님 가까이 있는 사람들이 하나님의 나라를 헐어 버리는 1등 공신들입니다.

예수님을 잘 알고 친숙해지는 것에는 보이지 않는 위험이 숨어 있습니다.
예수님을 단지 먹고 살아가는 방편으로 이용하는 위험입니다.
이것은 상당 기간 제자들의 마음 저 구석에 은밀히 숨어 있습니다.
'주님의 나라가 임하거든 하나는 좌편에 하나는 우편에'

이것이 제자들이 주님을 따르는 숨겨진 의도였습니다.
겉으로는 절대 아닙니다.
겉으로는 완벽한 제자의 모습입니다.
그러나 사마리아에서 우연히 제자들의 속내가 자기들도 알지 못하는 사이 드러나고 말았습니다.
제자의 옷을 입고 제자의 일을 하지만 관심은 다른 곳에 있을 수 있습니다.
그것은 지금 손에 들려 있는 것으로 드러납니다.

현재 손에 쥐고 있거나 손에 쥐고 싶어 하는 그것이 바로 제자의 진짜 모습입니다.

목회가 먹고 살아가는 수단으로 전락하고 있지 않은지 돌아봅니다.
덩그러니 빵 봉지 몇 개 들고 천국에 가기에는 내 모습이 너무 초라합니다.

주님이 나를 불러 제자 삼으신 것은 신바람 인생을 살게 하기 위해서입니다.
십자가가 내 손에 들려 있는 동안 내 인생은 신바람 인생입니다.
십자가 외에 다른 것이 손에 들려지는 순간 인생은 빵 봉지 인생입니다.
바람이 불면 어디로 날아가는지 알 수조차 없는 빵 봉지 인생이 내 인생은 아닙니다.
나는 토네이도가 불어도 날아가지 않을 뿌리 깊은 십자가 인생입니다.

GP는 사명에 집중합니다.
SP는 사례비와 복지에 집중합니다.
사명에 집중하면 사례비를 포함한 모든 것을 더불어 얻는 보너스 인생을 삽니다.

【기도】 주님, 주일이 빵 봉지 몇 개 얻는 날이 아니라 주님을 전파하는 생생한 날이 되게 하소서!
【적용】 살아있는 영으로 주일 사역하기!
【PS】 주일이 생애 최고의 날이 되기를 바랍니다. 당신은 하나님의 위대한 인생입니다! GL

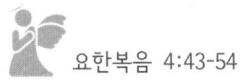 요한복음 4:43-54

동네에서 세계로!

예수님의 동선입니다.
예루살렘~ 사마리아~ 고향 나사렛~ 가나~ 가버나움(왕의 신하의 아들이 병들어 거주하는 장소) 갈릴리 안에 있는 마을들입니다.

그런데 예수님은 고향에서는 환영받지 못합니다.
예수님만이 아니라 모든 선지자들이 고향에서는 환영받지 못했습니다.

하나님의 놀라운 섭리입니다.
사역하기에 고향만큼 좋은 곳이 없습니다.
고향 구석구석 다 알고, 모든 사람들 다 알며 대부분은 친구들이고, 친척들입니다.
낯선 장소에 가서 쓸데없이 스트레스 받지 않고 사역할 수 있는 곳이 고향입니다.
그런데 이상하게 목회가 안 됩니다.
사람들이 선지자를 이미 잘 알고 있기 때문입니다.
고향 사람들은 선지자가 되기 전의 모습으로 선지자를 봅니다.
"아니, 쟤 그 김씨네 외아들 아니야. 아니, 쟤 그 개구쟁이 아니야. 아니, 쟤 그 사고뭉치 아니냐!"

친구들을 만나면 이런 소리 자주 듣습니다.
"종성아! 아니 너 목사 되었다면서. 야, 축하한다!"
그리고는 알 듯 모를 듯한 웃음을 짓습니다.
친구들이 가지고 있는 어릴 적 이미지와 현재 목사의 이미지가 잘 조합되지 않는 것이죠.

'혹시 친구들이 우리 교회 나온다고 하지나 않을까?'
고향에서 목회하는 나의 고민 아닌 고민입니다.

여기서 선지자의 한계를 그리고 동시에 하나님의 깊으신 섭리를 깨닫습니다.
선지자도 가려야 할 부분이 있는 연약함을 가지고 있습니다.
목사의 삶을 다 오픈하는 것이 정직하고 성도들과 친근해지는 방법이겠지만, 그러는 동안 목사의 허물이 그대로 드러나면 목회의 영이 서지 않는 부작용을 낳습니다.
그래서 목사의 생활이 어느 정도는 가려지는 것이 목회를 위해 바람직합니다.
이것은 위선의 차원과는 다릅니다.
목사는 당연히 누가 보든 보지 않든 한 점 부끄러움 없는 성결한 삶을 추구합니다.
그러나 인간적 친숙함을 도모하기 위해 자기를 다 오픈하여 목회의 방해거리를 스스로 만드는 것은 지혜롭지 못합니다.
성도들이 목사의 집을 제집 드나들듯이 오픈하는 것이 인간적이고 소탈해 보이지만 그 부작용이 목회를 가로막는 결정적인 빌미가 됩니다.
차라리 쌀쌀맞고 소탈하지 못하다는 비난을 받더라도 성도들과 일정 거리를 두는 것이 목회를 위해 바람직합니다.

그런데 이상하게 목사 집 드나드는 것을 사명으로 여기는 분들이 있습니다.
나는 그런 성도 만나면 반드시 거리를 두려고 노력합니다.
목사와 성도는 인간적 친목을 도모하기 위해 만나는 것이 아니기 때문입니다.
성도들에게 목사가 오빠 같고 아저씨 같고 삼촌같이 가깝게 느껴지는 것이 좋을 것 같지만, 목회적 차원에서는 그보다 더 큰 방해가 없습니다.
결국 성도에게도 바람직하지 않습니다.
목사와 인간적으로 친해진 성도치고 목사를 시험 들지 않게 하는 성도를 본 적이 없습니다.

불은 가까이 가면 다 태워버립니다.
그러나 적당한 거리를 두면 불도 사람도 안전할 뿐만 아니라 따듯함을 오래오래 즐길 수 있습니다.

선지자가 고향에서 환영받지 못하게 함으로 하나님은 선지자에게 큰 은혜를 주십니다.
하나님은 그 선지자를 동네 선지자가 아니라 글로벌하게 크게 쓰기를 원하십니다.
잘 아는 그 동네에서 친구처럼 오빠처럼 지내는 동네 선지자가 아니라 세상 밖으로 나가 크게 활동하는 선지자가 되길 원하십니다.
그래서 고향에서 머물지 못하게 하십니다.
요셉은 선지자입니다.
동네에서 환영받지 못했을 뿐만 아니라 팔려갔습니다.

하나님의 꿈을 가진 사람이 선지자입니다.
동네는 그를 절대 가두지 못합니다.

말씀을 묵상하는 동안 목회지를 놓고 기도해야겠다는 생각이 쓰나미처럼 밀려옵니다.
동네에 갇히지 말고 더 넓은 세상을 무대 삼아 뻗어 나가라는 주님의 음성을 듣습니다.

그러나 요즘은 안방에서도 세계와 네트워크를 형성할 수 있는 시대라 어디서든지 세계로 뻗어 나갈 수 있는 것이 하나님의 은혜입니다.
환경을 핑계 삼아 안주해서는 안 되는 이유입니다.

믿음과 비전만 있다면 어디에 있든지 세상은 나의 무대입니다.
주님은 나를 한계 없이 크게 쓰시는 능력이 많으신 위대한 하나님이십니다.

GP의 동선(動線)은 동네에서 세계로입니다.

【기도】 주님, 안주하지 않게 하소서, 환경 탓하지 않게 하소서!
【적용】 세계적인 꿈꾸기와 구체적인 실행 프로세스 진행하기!
【PS】 누군가 가두려고 합니다. 당신은 절대 갇힐 수 없는 하나님의 위대한 겨자씨입니다! GP

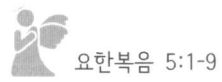 요한복음 5:1-9

인생의 봄이 오는 소리!

예수께서 그 누운 것을 보시고 병이 벌써 오랜 줄 아시고 이르시되 네가 낫고자 하느냐 병자가 대답하되 주여 물이 동할 때에 나를 못에 넣어 줄 사람이 없어 내가 가는 동안에 다른 사람이 먼저 내려가나이다   [요 5:6-7]

38년 된 병입니다.
주변에서 그런 말을 합니다.
"아이고, 저렇게 사느니 차라리 죽는 게 낫겠다!"
종종 이런 말을 듣습니다.
"그 친구 잘 죽었어. 그렇게 살아봐야 자기도 힘들고 가족들에게도 못할 짓만 시키는 거지!"

38년 된 병이면 이미 그의 가족들도 포기한 환자입니다.
주변에 아무도 없는 것을 보면 알 수 있습니다. 더군다나 자기도 포기한 지 오래되었습니다.
주님의 질문이 그의 내적 상태를 잘 드러내 줍니다.
"네가 낫기를 원하느냐?"

38년이면 이미 그 병에 적응하고도 남는 세월입니다.

들 것이 낯설지 않습니다. 아니 오히려 편합니다.
휠체어 처음에는 몸에 안 맞아 불편하지만 1년 2년 사용하다 보면 적응합니다.
나중에는 휠체어를 떠나는 것이 불안할 정도로 익숙하고 편해집니다.
마치 엄마의 품 같습니다.

정말 고통스러운 것은 '나도 고침 받을 수 있다!'는 생각에 빠지는 것입니다.
처음에는 그런 소망으로 하루하루 견뎌냈습니다.
그러나 1년 2년 지나면서 그런 소망이 얼마나 부질없는 생각인지 뼈저리게 경험합니다.

육체의 고통보다 그런 소망이 거절당할 때마다 느끼는 상심이 더 참기 힘들어졌습니다.
차라리 병을 운명으로 받아들이고 병과 함께 살아가는 타협이 더 편합니다.
결국 중병에 걸린 사람들이 그 병을 수용하므로 내적 평안을 찾습니다.

그런 면에서 자기가 나을 수 있다는 소망은 일종의 고통스러운 저항입니다.
이것이 오랜 시련을 겪는 사람들에게 나타나는 일반적인 현상입니다.
소망하므로 또 고통스러운 절망에 빠지기보다는 차라리 현실을 수용하는 것이 더 편하기 때문입니다.
이런 사람들이 가장 싫어하는 사람들은 자기를 찾아와 이런 말을 해주는 사람들입니다.
"이봐, 김씨 힘내게나. 자네도 일어날 수 있어. 포기하지 말게나!"
차라리 자기처럼 중병에 걸린 환자들 틈에 끼어 그들의 신음과 죽음의 냄새를 맡는 것이 더 위로가 됩니다.

그는 숱한 소망이 거절당하는 38년 세월을 살았습니다.
그 소망이 거절당할 때마다 그 안에는 분노만 차곡차곡 쌓일 뿐입니다.

소망은 인간 심성에 반하는 일종의 저항입니다.
저항은 고통이 따르기 마련입니다.
소망을 품는 것은 고통을 품는 것입니다.
이것이 주님이 38년 된 병자에게 소망의 질문을 던진 이유입니다.

주님은 38년 된 병자 마음의 심연에 깊이 잠들어 있는 소망을 흔들어 깨우십니다.
"네가 정말 낫고자 하느냐?"

그 고통스러운 질문 앞에서 병자는 엉뚱한 대답으로 얼른 도망갑니다.
"나를 못에 넣어줄 사람이 없습니다!"
문제는 소망을 잃어버린 자기에게 있는데 이 병자는 얼른 주변 환경 탓을 합니다.

그럼 왜 베데스다 연못에 나와 있을까?
마지못해 나와 있는 것입니다.
딱히 갈 데도 없습니다.
그래도 자기와 비슷하거나 심한 환자들이 모인 곳에 가면 위로 아닌 위로는 받을 수 있으니까요.

기도가 응답하지 않는 일을 여러 번 겪으면 기도 자리에 있어도 기도하지 않습니다.
마지못해 앉아 있기 쉽습니다.
물론 기도를 합니다.
그러나 자기도 그 기도가 응답하리라 믿지 않습니다.
기도하는 자리에 나오면 자기보다 더 큰 문제를 가진 사람들을 만나니 그 자체만으로도 큰 위로가 됩니다.
그것이 기도 자리에 와서 얻는 수확 아닌 수확입니다.

예배의 자리에 앉아 있지만 마지못해 앉아 있는 경우가 있습니다.
주님의 은혜를 얻고자 하는 소망을 품고 예배를 드리지만 어떤 은혜도 얻지 못하는 경험을 합니다.
그러기를 1년, 2년 지나면 마지못해 예배의 자리에 앉아 있습니다.
또 소망을 품었다가 거절당하는 아픔을 당하느니 차라리 현실을 수용하는 것이 편합니다.

절망은 인간의 죄 된 본성에 습하는 일종의 타협입니다.
소망은 인간이 지닌 본성에 反하는 특별한 저항입니다.
상처를 각오한 자만이 소망을 품을 수 있습니다.

GP는 어떤 상황에서도 절망과 타협하지 않습니다.
GP는 어둠 가운데에서 빛을 기다립니다.
GP는 한파가 몰아치는 겨울에서 봄이 오는 소리를 듣습니다.

마냥 어둠만 계속되는 날이 없듯이,

마냥 겨울만 이어지는 계절이 없듯이,
그치지 않는 비가 없듯이,
주님은 인생의 겨울을 통과하는 나를 위해 인생의 봄날을 준비해 주십니다.

나는 절망적이지만 주님에게는 절망이란 단어가 없습니다.
주님만이 내 소망입니다.

저 멀리서 내 인생의 봄날이 성큼성큼 다가오는 발걸음 소리가 들립니다.

주님이 묻기 전에 스스로 묻고 또 물어봅니다.
"네가 낫고자 하느냐?"
"네가 정말 부흥하고자 하느냐?"

전율이 느껴지는 은혜의 비가 내리는 아침입니다.

【기도】 주님, 절망 바로 뒤에 숨은 소망을 보게 하소서!
【적용】 절망 내쫓고, 소망 끌어안기!
【PS】 절망할 일이 생깁니다. 절망은 마귀의 안방입니다. 당신은 하나님의 위대한 소망입니다! GH

 요한복음 5:10-18

김씨!

그 후에 예수께서 성전에서 그 사람을 만나 이르시되 보라 네가 나았으니 더 심한 것이 생기지 않게 다시는 죄를 범치 말라 하시니　　　　　　　　　　[요 5:14]

주님은 성전에서 38년 된 병을 고쳐준 김씨를 만납니다.
(별 뜻 아닙니다. 내 그림자 같아 내 성으로 부릅니다.)
주님은 김씨를 경책하십니다.
"더 심한 것이 생기지 않게 다시는 죄를 범치 말라."
하고많은 말씀 중에 하필이면 경책의 말씀을 하실까?

주님의 말씀을 통해 몇 가지를 알 수 있습니다.
김씨의 병이 죄의 결과라는 것과 더 심한 병에 걸릴 수도 있었다는 것.
그리고 38년 된 병도 주님의 은혜였다는 사실입니다.

38년 고생한 병이 최악의 병인 줄 알았는데 그게 끝은 아니었습니다.
38년 고생한 병도 김씨의 죄에 비하면 과한 것이 아닙니다.
'죄의 삯은 사망이라!'
고통스러운 병도 알고 보면 은혜의 우산 아래 있습니다.
그 은혜의 우산이 걷히면 사망의 장대비가 그를 휩쓸고 갑니다.

그러나 주님은 38년 동안 한결같이 은혜의 우산으로 그를 가려주셨습니다.
그렇지 않으면 38년 동안 누워 있어야 하는 중병에 걸린 사람이 아직도 살아있는 것이, '세상에 이런 일이'라는 프로그램에 나오지 않을 리가 없습니다.
당시 평균나이를 고려하면 38년 중병에 걸리고도 아직 살아있는 것은 기적 중의 기적입니다.
38년 병에 걸린 김씨를 향한 주님의 은혜가 한결같지 않았다면 이미 장사 열 번을 치러야만 했을 것입니다.

김씨는 더 심한 것이 있다는 사실을 모르고 있습니다.
내가 어떤 고통 가운데 있더라도 더 심한 것이 오지 않도록 주님은 한결같이 은혜의 우산으로 나를 가려주십니다.

아무리 죽을 것 같은 고통도 아직 그 끝은 아닙니다.
고통 중에도 주님의 은혜는 한결같이 나를 에워싸고 있습니다.

상황이 아무리 참담해 보여도 주님이 끝이라고 하시기 전까지 아직 끝은 아닙니다.
오히려 상황이 점점 심해져 한 치 앞을 내다볼 수 없을 만큼 깜깜할 때, 새벽 턱밑에 와 있는지 모릅니다.
가장 어두울 때는 새벽 동트기 바로 직전입니다.

주님이 포기 선언하시기 전까지 인생의 끝은 없습니다.
아무리 힘들어도 아직 기회의 때이며, 나를 위해 마련된 하나님의 숨은 은혜가 무궁무진합니다.

더 심한 것이 생기지 않도록 내 삶을 붙들어주시는 주님 사랑에 보답하는 길은 포기하지 않는 것입니다.
내가 너무 힘들어 아무것도 할 수 없어 그냥 누워 있기만 해도 주님이 찾아오십니다.

참 감사한 것은 주님은 포기를 모르신다는 것입니다.
포기는 인간 삶의 단어요 주님의 단어는 기회입니다.
주님은 절대 나를 포기하지 않으십니다.

GP는 절대 포기하지 않습니다.

【기도】 주님, 저를 향한 주님의 선한 계획과 위대한 사랑에 인생을 올인하게 하소서!
【적용】 주춤하게 하는 문제 극복하며 전진하기!
【PS】 더 심한 것이 있을 수 있다면 주님은 당신을 위해 깜짝 놀랄 더 좋은 것도 예비하시는 분입니다. 당신은 하나님의 위대한 선물입니다! GP

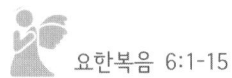 요한복음 6:1-15

동문서답!

여기 한 아이가 있어 보리떡 다섯 개와 물고기 두 마리를 가졌나이다. 그러나 그것이 이 많은 사람에게 얼마나 되겠삽나이까 예수께서 가라사대 이 사람들로 앉게 하라 하신대 그 곳에 잔디가 많은지라 사람들이 앉으니 수효가 오천쯤 되더라 예수께서 떡을 가져 축사하신 후에 앉은 자들에게 나눠 주시고 고기도 그렇게 저희의 원대로 주시다 저희가 배부른 후에 예수께서 제자들에게 이르시되 남은 조각을 거두고 버리는 것이 없게 하라 하시므로 [요 6:9-12]

제자들은 주님의 질문에 엉뚱하게 대답합니다.
주님은 '얼마나'를 물은 것이 아니라 '어디'라고 물었습니다.
'How many'가 아니라 'Where'입니다.
사람은 자기 식으로 보고, 듣습니다. 우물 안에 갇혀 있는 개구리입니다.
주님의 세계관을 제자들이 알 리가 없습니다.
그래서 주님은 제자들을 자꾸 시험합니다.
그들의 편협한 세계관을 넓혀주기 위해서입니다.

지금 여기는 빈 들입니다. 빈 들은 광야입니다.
광야는 먹을 것이 없는 빈 들입니다. 꽉 찬 들이 아닙니다.
밤나무, 감나무, 사과나무 등 먹을 것이 있는 우리나라 들판이 아닙니다.
먹을 것이라고는 씨도 없는 허허벌판입니다.

돌들만 무성한 황무지입니다.
여기는 지금 돈이 아무리 많아도 먹을 것을 살 수 없는 빈 들입니다.
전화로 배달시킬 수 있는 그런 시대도 아닙니다.
그래서 주님이 묻습니다.
"Where shall we buy bread…?"
안드레나 빌립이나 동문서답하기는 마찬가지입니다.
나중에 민중들이 고백하는 것에서 볼 수 있듯이 주님은 하늘로부터 오신 분입니다.

인생이 빈 들입니다. 먹고 살 길이 막막합니다.
먹고 살아도 겨우겨우입니다. 입에 풀칠할 정도입니다.
배부르게 넉넉하게 사는 것은 꿈도 못 꿉니다.

무리하여 왕창 먹지만 다음 날이면 또 배고픕니다.
돈을 잘 쓰는 것 같지만 허구한 날 쪼들립니다.
카드로 쓰기 때문입니다.
마이너스 인생입니다. 빚으로 살아갑니다.
남아서 열두 광주리에 담는 것은 상상도 못합니다.
내 인생의 떡은 하늘로부터 옵니다.
내 인생의 기회는 하늘로부터 옵니다.
내 인생의 풍성함은 하늘에서 채워줍니다.
그 하늘의 대리자로 주님이 나에게 오셨습니다.
주님이 내 인생의 떡입니다.
주님만이 나를 먹여주십니다.
배부르고 남도록.

주님은 나를 위해 하나님이 보내주신 떡, 만나입니다.
오늘 내 주머니에 얼마가 들어 있느냐가 행복의 조건이 아닙니다.
내 행복의 조건은 'Where'입니다.
내가 넉넉하게 사는 조건은 '하늘'입니다.
땅이 아니라 위를 바라봐야 합니다.
주님께 소망을 둘 때만 행복하고 넉넉하게 살 수 있습니다.
사람들이 말하는 '행운'이 아닙니다.
위를 바라보며 살아가는 GP에게 '행운'은 하나님이 약속하신 당연한 축복입니다.
주님을 바라보면 행운이 아닌 축복으로 살아갑니다.

내 마음의 방향을 주님께 고정시킬 때 남는 인생으로 살아갑니다.

【기도】 주님, 저를 넉넉하게 만드실 주님의 소망 잃지 않게 하소서!
【적용】 무시로 구하기!
【PS】 건강도 주님께 있습니다. 주님께 소망을 두면 마음이 풍성해집니다. 원기를 회복합니다. 걸어가도 아니 뛰어가도 피곤치 않습니다. 당신은 하나님의 위대한 능력입니다! GP

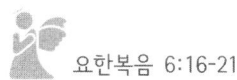 요한복음 6:16-21

마귀가 무서워하는 큐티!
도망자, 추격자 그리고 뻔뻔한 나!

저물매 제자들이 바다에 내려가서 배를 타고 바다를 건너 가버나움으로 가는데
이미 어두웠고 예수는 아직 저희에게 오시지 아니하셨더니 　　　[요 6:16-17]

예수님과 제자들은 운명을 함께하는 공동체입니다.
운명을 같이 하는 사람들이 유대관계를 표현할 때 자주 사용하는 말입니다.
"이제 우리는 한 배를 탔습니다!"
이 말은 운명을 같이 한다는 말입니다.

그런데 이상합니다.
예수님과 제자들은 한 배를 타지 않았습니다.
제자들은 다 있는데 예수님만 없습니다.
사전에 약속되어 있는 일이 아니라면 누군가 의도적으로 한 배를 타지 않은 것입니다.
주님이 바다를 걸어오신 것을 보면 따로 가기로 약속이 되어 있는 것은 아닌 것 같습니다.
그리고 시간상 어디를 여행할 시간이 아닙니다.

보통 육로 여행도 어둠이 내리면 중단합니다.
더군다나 바다를 여행하는데 어둠은 더욱 피해야 할 시간입니다.
그런데 제자들은 무엇에 쫓기듯 밤에 서둘러 가버나움에 가려고 항해합니다.
마치 도망자들처럼 말입니다.
당시 갈릴리 주변 사람들은 갈릴리 바다(호수)의 밤을 지배하는 신이 있음을 믿었습니다.
그래서 평온한 바다를 기원하며 제사를 지냈다고 합니다.
(몇 년 전 갈릴리 바다를 여행할 때 그곳 전문 가이드에게 들은 이야기입니다.)
그래서 함부로 밤에 갈릴리 바다를 항해하는 것을 금했다고 합니다.

이런 구차한 설명이 아니더라도 옛날이나 지금이나 밤에 항해하는 것은 금기시되어 있습니다.
바다는 살아있기에 아주 위험합니다.
언제 큰 바람이 불지 모르는 일입니다.

그런데 제자들은 예수님이 함께하지도 않았는데 무리하게 항해합니다.
그리고 그들은 풍랑을 만납니다.

이 사건이 나와 그리고 제자들의 숨겨진 일면을 드러내는 상징적 사건으로 보입니다.
기회만 되면 주님 없이 살고자 하는 것이 나의 숨겨진 일면입니다.
주님과 함께 거칠고 결핍된 들판에 머물기보다는 모든 것이 완비된 도시, 가버나움으로 가고 싶어 하는 숨겨진 욕망이 나에게 있습니다.

제자가 되고자 주님과 함께 한 배를 탔지만 마음 한편에는 틈만 나면 주님으로부터 벗어나려고 하는 제자답지 못한 부끄러운 동기가 숨어 있습니다.
안락함과 쾌락, 세상적 즐거움이 나의 가벼나움입니다.

그런 나를 아시는 주님은 나를 그냥 내버려 두지 않으십니다.
반드시 뒤쫓아 오십니다. 마치 추격자처럼 말입니다.

주님은 나를 잡아 죽이는 추격자가 아니라 사지로 가는 나를 구하시기 위한 사랑의 추격자입니다.

내가 도망가다가 내가 빠진 수렁에서 허우적거릴 때 다가와 손을 내미시는 주님,
나는 그 주님이 너무 기뻐 얼른 손을 내밀어 주님의 손을 잡습니다.
언제 도망쳤느냐 하는 뻔뻔한 얼굴로 말입니다.

주님의 포기하지 않는 추격하는 사랑에 나는 이렇게 뻔뻔합니다.
어둠이 참 감사합니다.
나의 뻔뻔한 얼굴을 가려주니 말입니다.
주님은 내가 뻔뻔함에 부끄러워할까 봐 눈을 감아주십니다.
참 나의 뻔뻔함도 만만치 않지만, 주님의 사랑도 어지간하십니다.
그 주님의 사랑에서 도망할 사람은 아무도 없습니다.

주님은 추격자입니다.
한 번 찍으면 절대 놓치지 않는 완벽한 추격자입니다.

GP는 추격하시는 주님의 사랑에 기대어 삽니다.
포기 없고, 변함없으신 그 사랑에.
그러니 내 마음은 조마조마하지 않습니다. 넉넉합니다.

손을 뿌리치고 마냥 뛰어놀고 싶어 하는 아이를 향한 엄마의 사랑이 포기 없고, 변함없는 것처럼 말입니다.
그 사랑에 기댄 아이는 불안해하지 않습니다.
아니 아이는 자기가 없어지면 자기보다 엄마가 더 불안해한다는 것을 압니다.
행여 길을 잃어도 엄마가 찾아올 줄 알기에 행복합니다.

그런 주님의 추격하시는 사랑을 받으면서 점점 주님의 동선 가까이 머물게 됩니다.
전에는 주님이 보이지 않는 멀리까지 도망가곤 했는데 이제는 주님이 부르시면 그 음성을 들을 수 있는 근거리에 머물고 있습니다.

술에 장사 없다는 말처럼, 주님의 사랑에 뻔뻔한 장사 없습니다.
내가 아무리 뻔뻔해도 주님의 사랑 앞에는 결국 지게 되어 있습니다.

【기도】 주님, 복음이 가려지지 않게 하소서!
【적용】 복음 지키기!
【PS】 마귀는 복음이 들려지는 것을 발작적으로 싫어합니다. 마귀가 훔쳐간 큐티를 다시 옮겨 놓습니다! GP

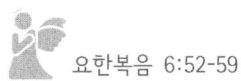
요한복음 6:52-59

7도 지진에도 견디는 뿌리 깊은 나무!

예수께서 이르시되 내가 진실로 진실로 너희에게 이르노니 인자의 살을 먹지 아니하고 인자의 피를 마시지 아니하면 너희 속에 생명이 없느니라. 내 살을 먹고 내 피를 마시는 자는 영생을 가졌고 마지막 날에 내가 그를 다시 살리리니 내 살은 참된 양식이요 내 피는 참된 음료로다   [요 6:53-55]

예수님의 살을 떡으로 주겠다는 말씀으로 인해 유대인들 간에 논쟁이 벌어집니다.
예수님의 말씀을 제각각 받아들이기 때문입니다.
한 말씀을 가지고 논쟁한다는 것은 그 말씀을 이해하는 틀이 다르기 때문입니다.
의견이 분분합니다.

예수님은 왜 논쟁이 벌어지도록 어렵게 말씀하실까?
잘 풀어서 말씀하시면 이런 혼란도 없을 것이고 또 유능한 선생일수록 쉽게 가르치니까요.

주님의 말씀은 그들의 인식체계를 흔들어 놓기에 충분합니다.
살과 피를 먹어야 한다는 말씀은 가히 충격적입니다.

원시 종교적 세계관이기 때문입니다.
인류 문명과 동떨어진 원시부족 중에 이와 같은 세계관을 가진 부족이 아직도 있습니다.
그들은 부모가 죽으면 화장을 하고 남은 뼈를 갈아 온 가족이 나눠 먹습니다.
산자와 망자가 하나 되는 일체감이 그들의 세계관입니다.

예수님께서 이렇게 말씀하실 때 이 말씀을 앞으로 있을 십자가 희생 제의로 받아들일 사람은 아무도 없습니다.
제자들도 마찬가지입니다.
지금이야 예수님의 살과 피를 자연스럽게 받아들이는 관점을 가지고 있지만 그때는 가히 충격적인 말씀입니다.

당시에는 서로 다툴 정도로 혼란스런 말씀이 지금은 정리가 잘 되어 있는 듯이 보입니다.
믿음생활을 하면서 그런 어려운 말씀들을 받아들이는 관점을 배웠기 때문입니다.

믿음의 깊이는 이런 혼란과 비례합니다.
무조건 받아들이는 것은 믿음이 특별나기 때문이 아니라 혼란을 견딜 지성이 없기 때문입니다.
주님의 말씀을 내 말씀으로 체험하는 방법은 말씀과의 싸움입니다.
말씀을 붙들고 씨름하는 것이 곧 묵상입니다.
밤새 씨름한 야곱처럼 말입니다.
이런 혼란의 과정을 거칠 때 믿음이 뿌리째 흔들리는 경험을 합니다.

그러나 이런 흔들림은 땅에 나무를 든든히 박는 방법입니다.
흔들어 다지면서 박아야 강도 7도 지진에도 견딥니다.
이런 자기혼란 과정을 건너뛴 사람들은 이단의 손쉬운 먹잇감입니다.
그들이 이단적 관점으로 성경을 풀면 그 관점과 맞설 자신의 관점이 없는 것입니다.
이런 자기 관점은 스스로 말씀과 씨름하면서 체득됩니다.
가르치는 대로 다 받아들이는 것이 잘하는 것만은 아닙니다.
가르침이 내 안에서 혼란을 일으킬 때 내 것이 됩니다.
'그렇다는데'가 아니라 '그렇습니다' 단계로 가기 위해서는 말씀과의 씨름이 필요합니다.
종종 그런 경험을 합니다.
당연히 알고 있는 말씀인데 누군가 좀 엉뚱하게 질문하면 대답을 못해 당황하곤 합니다.

가르치는 그대로 받아들이는 것이 마냥 좋은 것은 아닙니다.
이러면 나중에 한꺼번에 무너질 위험이 많습니다.
좋은 제자는 스승을 괴롭히는 사람입니다.
가르쳐주는 그대로 받아 적어 앵무새처럼 읊조리는 제자가 가장 위험한 사람입니다.

말씀에 대해 자기 관점과 자기주장을 할 수 있는 것은 그런 혼란을 통해서 가능합니다.

주님의 말씀은 잔잔한 영혼의 호수에 던져지는 돌과 같습니다.
잔잔한 영혼을 일깨우도록 소란스럽고 혼란스러워야 합니다.

그래야 믿음이 더 이상 자라지 못하는 침체의 잠에서 깨어날 수 있습니다.

살과 피를 먹고 마셔야 영생한다는 것은 원시부족의 야만적 세계관입니다. 여기에는 주님의 신학이 담겨 있는데 그것을 제자들조차 몰랐다는 것입니다.
이런 혼란을 견디지 못하는 제자들은 주님 곁을 떠납니다.

GP=위대한 제자는 이런 영적 혼돈을 마다하지 않습니다.
그것이 믿음을 견고하게 뿌리 내리게 하는 주님의 은총임을 알기 때문입니다.

【기도】 주님, 말씀을 체득하게 하소서!
【적용】 말씀과 씨름하기!
【PS】 혼란스런 일이 있습니다. 진정한 평안은 아무 일도 없는 것이 아니라 혼란과 싸워 쟁취하는 전리품입니다. 당신은 하나님의 위대한 전리품입니다!
GP

CHAPTER 2

묵상글 모음

2010. 02

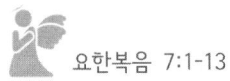 요한복음 7:1-13

미워도 다시 한 번!

이 후에 예수께서 갈릴리에서 다니시고 유대에서 다니려 아니하심은 유대인들이 죽이려 함이러라 유대인의 명절인 초막절이 가까운지라 그 형제들이 예수께 이르되 당신의 행하는 일을 제자들도 보게 여기를 떠나 유대로 가소서   [요 7:1-3]

예수님은 유대를 기피합니다. 죽이려고 하기 때문입니다.
그래서 보다 안전한 갈릴리에 머물고 싶어 하십니다.
핍박을 피해 갈릴리에 머물고 계시는 예수님을 더욱 힘들게 하는 것은 다른 사람들이 아닌 형제들입니다.

사람이면 몰라도 예수님이 유대를 기피하는 것을 보니 핍박과 고난의 리얼리티를 새삼 느끼게 됩니다.
두려워하시는 예수님을 묵상하니 마음이 많이 심란합니다.
물론 때가 아니라고 하시지만 그 말을 듣는 형제들은 예수님을 겁쟁이라고 생각합니다.

형제들의 타박이 얼마나 야속하게 느껴졌을까?
자기를 이해해 주고 돌봐줘야 할 형제들이 그것도 동생들이 오히려 자기를 힘들게 하니 얼마나 상처가 되셨을까?

형제가 찌르는 가시입니다.

주님을 사지로 몰아내는 형제들을 보면서 팔려간 요셉과 사지로 끌려간 다니엘이 생각납니다.

자의가 아닌 전적인 타의에 의해 운명이 결정됩니다.
자신의 판단과 의지로 결정되는 인생이 아니라 전적 타력에 의해 끌려가는 삶입니다.

결국 주님은 그렇게 피하고 싶은 유대를 방문합니다.
그것이 하나님의 뜻임을 알았습니다.
나의 때와 하나님의 때가 다릅니다.
그때 하나님은 주변에 가시를 통해 나를 이끌어 가십니다.

나중에 알게 되지만 주변의 가시가 곧 하나님의 부드러운 손길입니다.

지금 나를 힘들게 하는 사람들이 얼마나 야속한지 모릅니다.
그것도 잘 아는 사람들이, 그것도 가까운 사람들이 그럴 땐 충격은 두 배입니다.

주님의 부드러운 사랑의 손길은 종종 가시로 나타나곤 합니다.
이것이 힘든 일을 마냥 피해서는 안 되는 이유입니다.
이것이 힘들게 하는 사람들을 미워만 해서는 안 되는 이유입니다.

자신을 비난하고 조롱한 시므이를 부하들이 당장 죽이자고 했을 때 다윗은 부하들을 말립니다.
그리고 이렇게 말합니다.
"그냥 냅둬라. 주님이 행하시는 일이다!"

다윗의 믿음이 도드라지는 순간입니다.

GP는 현상만 보지 않습니다.
현상 너머 역사하시는 주님의 손을 봅니다.
주님의 주권이 미치지 않는 영역은 없습니다.
내 삶의 모든 영역이 주님의 주권 속에 있습니다.
좋은 일이든, 나쁜 일이든.

주님 안에서는 현재 고통스러운 일이 나중에 기쁜 일이 됩니다.
"슬픔이 변하여 춤이 되게 하시며 베옷을 벗기고 기쁨으로 띠 띠우셨나이다."

주님의 역사하심은 내가 다 알 수 없고 측량할 수 없습니다.
오묘하고 깊기 때문이죠.
흔들리지 않는 방법은 선하신 주님을 신뢰하는 것입니다.
풍랑이 일면 주님이 그 풍랑을 잠재우실 것을 신뢰하는 것입니다.
찌그러진 깡통으로 배 안으로 쳐들어오는 바닷물을 다 퍼낼 수는 없습니다.
차라리 깡통 팽개치고 풍랑을 잠잠케 하실 주님을 초청하는 것이 훨 낫습니다.
깡통으로 물을 퍼내다가 주님이 오시면 얼마나 쪽팔리는지 모릅니다.
오늘 많은 사람을 만날 약속이 있습니다.

나를 편하게 해줄 사람과 나를 힘들게 할 사람이 다 섞여 있습니다.
나에게 다 유익한 사람들입니다.

다 나를 행복하게 만들어주는 하나님의 천사들입니다.
무지 밉더라도 다시 한 번 잘 보면 다르게 보입니다. 천사로.

【기도】 주님의 선하신 인도하심을 불신하지 않게 하소서!
【적용】 사람들을 대할 때 주님의 천사로 대하기!
【PS】 놀랄 일이 있습니다. 순간 충격이야 어쩔 수 없지만 그 충격을 오래 가져가지 않는 것은 내 의지입니다. 행복은 사건에 대한 나의 태도입니다. 당신은 하나님의 위대한 행복입니다! GH

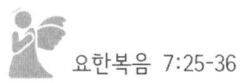 요한복음 7:25-36

죽음도 손대지 못하는 생명 싸개!

저희가 예수를 잡고자 하나 손을 대는 자가 없으니 이는 그의 때가 아직 이르지 아니하였음이러라
[요 7:30]

당국자들은 예수님을 속히 제거해야 할 지명 수배자 명단에 올렸습니다.
예수님도 그것을 압니다.
그런데 주님은 성전에서 자신을 숨기지 않고 사람들을 가르치십니다.

그리고 당국자들은 예수님을 건드리지 못합니다.
희한한 일입니다.
예루살렘을 통치하는 사람들이 왜 주님을 제거하지 못할까?
힘이 없어서도 아니고, 찾지 못해서도 아닌데 왜 주님을 건드리지도 못할까?
성전은 당국자들의 아지트인데 왜 그렇게 죽이고 싶어 하는 주님을 두고만 볼까?

주님이 하나님의 품에 있기 때문입니다.
성전은 그들의 아지트가 아닙니다.
성전은 하나님의 집입니다.

그러므로 하나님의 아들이신 예수님에게 성전만큼 안전한 곳은 없습니다.
하나님 아버지께서 허락하지 않으시면 공중에 나는 새 하나도 땅에 떨어지지 않습니다.

결국 주님이 사명을 다 이룰 때까지 하나님이 지켜주십니다.
아무도 아버지에게서 빼앗지 못합니다.
하나님은 만유보다 크시기 때문입니다.
"하나님이 나를 보호하시는데 누가 우리를 대적하리요"

하나님이 지키시면 털끝 하나도 다치지 않습니다.
주님의 돌보심은 완벽합니다.

살고 죽는 것은 다 주님의 주권에 달려 있습니다.
그래서 죽을 것 같은 사람이 살아납니다.
그래서 영원히 살 것 같은 사람이 죽습니다.

예수님은 사명을 마칠 때까지 안전합니다.
사명이 예수님의 튼튼한 '생명 싸개'입니다.
사명을 가진 자가 가장 안전합니다.
사명이 있으면 사자 굴에서도, 풀무불에서도 살아납니다.
사명을 가진 자에게 사자 굴은 애완동물 놀이터요
풀무불은 따뜻한 사랑방입니다.
아무도 하나님의 사명자를 건드리지 못합니다.
손을 대면 고압선에 손을 대는 것입니다. 즉사합니다.
은혜를 바라며 주님에게 손을 대는 사람은 죽을병에서도 즉시 살아납니다.

그러나 주님을 해하려고 주님께 손을 대는 자는 즉시 감전되어 불타 버립니다.
주님에게는 3만 볼트 전류가 흐릅니다.
누구에게는 즉생의 전류이지만 누구에게는 즉사의 전류입니다.

살고 죽는 문제 주님께 맡긴 사람이 GP입니다.
SP는 살고 죽는 문제를 스스로 다스립니다.
그래서 평생 벌벌 떨다가 죽습니다.
GP는 요동하지 않습니다.
세상에서 가장 무서운 사람은 죽음을 초월한 사람입니다.

GP는 갈 때 가더라도 살아있는 동안에는 담대하게 사명을 이루며 삽니다.
그러나 살고 죽는 문제 때문에 사명을 버리면 인생도 사명도 아무것도 아닙니다.
사명으로 살면 살고 죽는 문제가 나를 넘어뜨리지 못합니다.

사명은 '생명 싸개'입니다.

【기도】 주님, 인생 안전에 전전긍긍하지 않게 하시고, 주님이 정하신 때까지 사명 위해 살게 하소서!
【적용】 흔들리지 않기!
【PS】 누가, 때로는 무엇이 위협합니다. 그러나 외부의 적이 아니라 내 안의 두려움이 가장 큰 적입니다. 당신은 하나님의 위대한 사명자입니다! GM

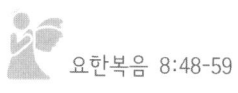 요한복음 8:48-59

돌 맞는 진리!

예수님은 유대인들을 가르치시다가 귀신 취급당하시고, 결국 돌에 맞을 위기를 당합니다.
그럴 만도 합니다.
그들의 인식으로 받아들일 수 없는 말씀을 하셨기 때문입니다.

그들의 인식은 돌만큼 단단해 보입니다.
내가 확신하고 믿고 살아가는 인식의 터전이 돌처럼 단단합니다.
물 한 방울 스며들 공간이 없습니다.

예수님도 그것을 깨려다가 예수님 머리만 깨질 뻔했습니다.

진리는 가르친다고 해서 다 경험하는 것은 아닙니다.
진리가 배척을 당하는 이유는 진리는 가르침이 아니라 경험하는 것이기 때문입니다.
예수님의 가르침이 이러하다면 사람의 가르침이야 말할 것도 없습니다.

가르침의 한계와 동시에 가르침의 속성을 알 수 있습니다.
가르침은 안내자 역할이지 경험케 할 수는 없습니다.

그것은 성령님의 영역이기 때문입니다.
이것이 가르침을 받고도 돌아서면 쉽게 그리고 빨리 배우지 않은 원 상태로 되돌아가는 이유입니다.

오늘 성령님의 은혜로 진리가 내게 임하기를 소원합니다.
진리 경험으로 자유케 되기를 소망합니다.

【기도】 주님, 인식의 지평을 열어 진리의 기이한 것을 보게 하소서!
【적용】 열린 세상 보기!
【PS】 타박 당할 일이 있습니다. 버림은 세상의 흔한 경험입니다. 버림을 받지 않으면 영접받을 수 없습니다. 당신은 하나님의 위대한 애인입니다! GL

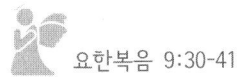 요한복음 9:30-41

얼굴 붉힌 선생들!

그 사람이 대답하여 가로되 이상하다 이 사람이 내 눈을 뜨게 하였으되 당신들이 그가 어디서 왔는지 알지 못하는도다 하나님이 죄인을 듣지 아니하시고 경건하여 그의 뜻대로 행하는 자는 들으시는 줄을 우리가 아나이다 창세 이후로 소경으로 난 자의 눈을 뜨게 하였다 함을 듣지 못하였으니 이 사람이 하나님께로부터 오지 아니 하였으면 아무 일도 할 수 없으리이다

[요 9:30-33]

눈을 뜬 소경은 눈앞에 나타난 열매를 보고도 믿지 못하는 바리새인을 가르칩니다.
바리새인들의 자존심이 완전히 구겨지는 순간입니다.
날 때부터 앞을 못 볼 뿐만 아니라 평생을 거리의 걸인으로 살아온 사람에게 가르침을 받으니 바리새인들의 마음이 오죽할까 측은한 마음까지 듭니다.

나무는 열매로 아는데 사과 열매를 보면서도 사과나무가 아니라고 우기는 바리새인들을 보고 있자니 가르치는 자의 어리석음이 얼마나 위험한지를 깨닫습니다.
누가 진정한 스승일까 묵상합니다.
은혜 받은 자가 진정한 스승입니다.
은혜 받지 못한 사람은 스승인 척은 할 수 있을지 모르지만 진정한 스승은

못 됩니다.

엘리트 코스를 밟은 사람이 진정한 스승이 아닙니다.
은혜를 받은 사람이 진정한 스승입니다.
엘리트 코스를 폄하하는 것이 아닙니다.
겉만 꾸미면 다 된 것처럼 생각하는 그 희떠운 자세를 경계하는 것입니다.

오늘 말씀을 통해 지식으로만 들씌워진 영성의 헛헛함을 봅니다.
지식이 중요하지만 지식이 곧 영성은 아닙니다.
예수님 당시 바리새인만큼 율법과 지식에 능한 자가 어디 있습니까?

그러나 그들은 은혜 받은 한 사람 그것도 날 때부터 소경이요 걸인이던 사람에게 하늘의 도에 대해 가르침을 받습니다.

누가 은혜를 받으면 지식적 잣대로 이러쿵저러쿵 난도질하는 사람들이 있습니다.
물론 은혜로 가장한 사탄의 역사는 뱀 같은 냉철한 지혜로 경계해야 합니다.
그러나 지식으로만 은혜를 재단하려는 자세는 손바닥으로 하늘을 가리는 꼴입니다.
그러면 바리새인처럼 자신들이 인간 취급도 안 하던 사람에게 가르침을 받아야 하는 험한 꼴을 당합니다.
은혜 앞에 고개 숙일 줄 알고, 자신도 그 은혜를 사모하는 것이 GP입니다.
주님은 엘리트 코스를 밟았던, 거리 출신이던 가리지 않고 은혜를 주십니다.

겸손히 사모하기만 하면 말입니다.

넙데데한 얼굴로 은혜 받은 소경에게 한 수 배우는 바리새인들의 얼굴 위에 나의 얼굴이 겹쳐지는 것은 왜일까요?

목사입네 하면서 특별한 은혜를 독점하고 있다는 희떠운 생각이 내 의식 속에 숨어 있음이 드러나기 때문일까?
목사보다 더 많은 은혜를 받은 성도를 존중하기보다는 무시하려는 직업적 교만함까지 발각되었기 때문일까?

바리새인들이 주님의 은혜의 수혜자에서 제외된 것을 보면서 직업적으로 그렇게 되기 쉬운 내가 가장 위험한 자리에 있음을 발견합니다.
계급장 떼고 은혜 받는 자리로 내려가 난 딱 무릎부터 꿇어야 할 아침입니다.

GP는 겉으로 폼 잡는 사람이 아닙니다.
GP는 실속 있는 은혜의 사람입니다.
GP는 은혜를 가장 소중하게 생각합니다.
지식은 그 다음입니다.
이게 뒤바뀌면 SP입니다.
그러면 바리새인들처럼 폼 잡다 쪽 팔리는 일만 남습니다.

GP는 은혜를 사모하는 사람입니다.
그래서 하나님은 GP를 무지 좋아하십니다.

【기도】 주님, 한계 없는 주님의 은혜 안으로 들어가게 하소서!
【적용】 은혜 사모하기~ 겸손하게 행동하기!
【PS】 오늘은 은혜 받는 날입니다. 365일이 그날입니다. 당신은 하나님의 위대한 축복입니다! GB

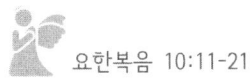 요한복음 10:11-21

목숨으로 담보한 사랑!

나는 선한 목자라 선한 목자는 양들을 위하여 목숨을 버리거니와   [요 10:11]

양들을 위하여 목숨을 버려야 선한 목자라고 합니다.
과연 그럴까? 양을 위하여 목숨을 버릴 가치가 있을까?

아무리 비유라고 하지만 너무 나간 논리적 비약입니다.
목자와 양은 그 가치 면에서 비교할 수 없습니다.
양을 위하여 목숨을 버리면 선한 목자가 아니라 무모한 목자, 어리석은 목자라고 불러야 합니다.
양을 위해 목자가 있는 것이 아니라 목자를 위해 양이 있기 때문입니다.
양을 기르는 목적은 그 부산물 때문입니다. 우유, 고기, 털 등등.

누군가 양을 지키려고 이리와 싸우다가 죽었다면 어리석은 목자라고 소문날 것입니다.

그러나 만약 목자가 양을 위하여 목숨을 버린다면 그리고 그 목자가 바보가 아니라면 어떻게 그럴 수 있을까요?
그것은 자기 양이기 때문입니다.

그 양은 경제적 이득을 목표로 기르는 양이 아닙니다.
양을 기르다가 양과 하나가 된 것입니다.
단순히 부산물을 얻는 가치를 넘어 양과 동화된 것입니다.

존재적 동화는 상대가 없으면 못 사는 관계입니다.
존재적 동화는 목숨도 아끼지 않는 관계입니다.
종종 존재적 동화의 일면을 엄마와 자식의 관계에서 느끼곤 합니다.
'내 새끼!'라는 말 속에는 무서운 독점적 사랑이 담겨 있습니다.
가치로 환산할 수 없고, 정량화할 수도 없는 무한한 사랑이 있습니다.

이 비유에서 선한 목자는 예수님이라고 말씀합니다.
예수님은 나를 위해 목숨을 버리셨습니다.
그 사랑은 누구에게도 빼앗기지 않고, 끝까지 견인해 가는 사랑입니다.
그러나 이것이 종종 두려운 사랑으로 다가올 때가 있습니다.
목숨을 버리면서 사랑한 그 사랑 안에 있는 무서운 배타성 때문일까요?
그 무엇도 개입할 수 없는 완전히 소유된 사랑 말입니다.
마냥 편하게만 느껴지지 않는 사랑입니다.
그 사랑에서 자연스럽게 책임이 느껴지기 때문입니다.

완전히 동화된 관계 안에 다른 무엇이 개입하면 주님은 질투하십니다.
목숨까지 버린 사랑의 또 다른 표현이 질투입니다.
GP는 기꺼이 사랑의 책임을 집니다.
그 사랑의 무게를 느끼기 때문입니다.
사랑에는 약속이 담겨 있습니다.
약속 없는 사랑은 돈 주고 사는 싸구려 사랑입니다.

그런 사랑은 세상에 널려 있는 거짓 사랑입니다.

약속은 사랑의 담보물입니다.

【기도】 주님, 사랑의 무게를 항상 느끼게 하소서!
【적용】 풍성한 사랑 나누기!
【PS】 사랑은 존재의 계량기입니다. 당신은 하나님의 위대한 사랑입니다! GL

MEMO

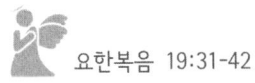 요한복음 19:31-42

무공훈장감… 확인 사살!

예수께 이르러는 이미 죽은 것을 보고 다리를 꺾지 아니하고 그 중 한 군병이 창으로 옆구리를 찌르니 곧 피와 물이 나오더라 [요 19:33-34]

(AG-군병 / CH1-찌르다)

군병은 예수님이 죽으신 것을 알면서도 창으로 옆구리를 찌릅니다.
호흡이 멈추지 않았다면 다리를 꺾어 죽이지만 예수님은 이미 숨을 거두셨습니다.
그런데도 군병은 창으로 찌릅니다.
창검술을 연마하기 위한 것은 아닐 것입니다.
그렇다고 자기의 용맹함을 보여주기 위한 것도 아닙니다.

이 군병은 눈으로 보는 것과 실제가 다를 수 있음을 알고 있습니다.
육안으로 보면 죽은 것 같지만 그 육안으로 보는 것이 틀릴 수 있기 때문입니다.

그리고 보면 이 군병은 자기 임무에 충실한 사람입니다.
이 군병은 사형의 임무를 받았습니다.

사람을 죽이는 일이 결코 기쁜 일은 아닙니다.
아무리 군인이라도 그렇습니다.
자기 창에 피 묻히기를 좋아할 사람은 없습니다.
또한 악몽을 피할 수 없습니다.
자기가 죽인 사람들이 꿈에 나타나 괴롭힐 것입니다.
그런데도 이 군병은 자기의 사형 임무를 충실하게 수행합니다.
하나님은 주님의 십자가 죽음을 기획하시면서 충실한 이 군병을 특별 출연시키십니다.

이 충실한 군병의 임무 수행으로 주님의 옆구리에 창자국이 생긴 것입니다.
이 창자국은 훗날 많은 사람들에게 부활의 증표가 됩니다.

주님은 이런 충실한 사람을 좋아하십니다.
그리고 그런 사람을 하나님의 일꾼으로 사용하십니다.

세상은 어설프게 임무를 수행하는 불충한 사람들 때문에 불필요한 혼란을 겪습니다.
그런 사람의 불충은 결국 남에게 큰 피해를 입힙니다.
자신을 돌보지 않고 임무를 수행하다가 순직한 군인이 영웅으로 떠오릅니다.
충실한 군인에게는 무공훈장도 아깝지 않습니다.

주님을 찌른 확인 사살, 그것은 무공훈장감입니다.
주님의 완전한 죽음은 그렇게 자기 임무에 충실한 한 군병에 의해 공표되었기 때문입니다.

만약 옆구리를 찌르지 않았다면 예수님이 부활한 것이 아니라 덜 죽은 상태에서 깨어난 것이라고 우길 것입니다.
십자가 고난의 일등공신은 이 충실한 군병입니다.
확실한 무공훈장감입니다.
주님이 십자가에 달린 동안 주님은 죄 덩어리였습니다.
온 인류의 죄가 주님께 전가되었기 때문입니다.
십자가에서 주님은 대속제물이셨습니다.
양에게 안수하므로 사람의 죄를 전가하는 것이 대속제물입니다.
그러니 주님은 확인 사살되어야 마땅하셨습니다.
나와 당신의 죄 그리고 우리 모두의 죄가 죽어야 했기 때문입니다.

GP는 찌르는 사람입니다.
하나님이 부여한 GP의 임무는 죄를 찌르는 미션입니다.
대충 찌르면 죄는 살아납니다.
죄는 그 모양이라도 허용하지 않겠다는 각오로 찌르고 또 찌르는 것이 GP입니다.
죄는 확인 사살되어야 합니다.
죄를 어설프게 다루는 사람은 곧 죄가 살아나는 끔찍한 일을 당합니다.
그래서 결국 SP의 삶에서 벗어나지 못합니다.

사실은 죄가 살아난 것이 아니라 덜 죽인 것입니다.
죄는 끈질긴 생명을 가졌기에 확인 사살은 기본입니다.
지금까지 죄를 이겼다고 큰소리치다가 죄에 다시 점령당하는 사람들의 수는 지구를 덮고도 남을 만큼 허다합니다.

죄 찌르기, 죄 죽이기는 GP의 미션입니다.
죄 찌르기는 하나님의 무공훈장감입니다.

【기도】주님, 나의 죄를 죽이는 충실한 사명자가 되게 하소서!
【적용】죄 죽이기!

MEMO

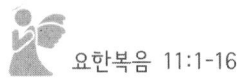 요한복음 11:1-16

두 개의 진단서!

예수께서 들으시고 가라사대 이 병은 죽을병이 아니라 하나님의 영광을 위함이요 하나님의 아들로 이를 인하여 영광을 얻게 하려함이라 하시더라　　[요 11:4]

나사로 가정은 예수님과 특별한 관계입니다.
그래서 나사로가 죽을병에 걸리면 예수님이 한걸음에 달려오실 줄 알았습니다.
그런데 예수님은 그들의 기대대로 반응하지 않으십니다.
오히려 이틀이나 더 지체하십니다. 완전 배신입니다.

그 이틀은 나사로가 죽어가는 시간입니다.
사랑하는 오라비가 죽어가는 것을 지켜보고 있어야만 하는 마리아와 마르다의 속은 시꺼멓게 타들어 갑니다.
죽어가는 오빠 때문이 아니라 무정하게 반응하시는 예수님 때문입니다.

간절하고 시급한 문제로 주님께 도움을 구하다가 내 기대대로 되지 않아서 시험에 들곤 합니다.

사는 동안 끊임없이 다급하고 심각한 문제에 직면하게 될 것입니다.

그것이 살아있는 삶에 대한 세금인 셈입니다.
산 자에게만 문제가 있습니다.
죽은 자에게는 문제가 없습니다.

나는 항상 두 개의 진단서를 받아 봅니다.
절망적인 진단서와 희망적인 진단서입니다.
마치 나사로에 대한 서로 다른 진단서처럼 말입니다.
하나는 죽을병이라는 진단서, 또 하나는 죽을병이 아니라는 진단서입니다.

사람의 육체가 죽기 전에 마음이 먼저 죽습니다.
절망은 마음의 사망신고서입니다.
절망은 마음의 죽음입니다.
마음이 죽으면 육체도 서서히 그 뒤를 따라갑니다.
나는 두 개의 진단서 앞에서 항상 희망의 진단서를 붙잡습니다.
그 이유는 주님이 나의 끝점에서 시작하시기 때문입니다.
나의 끝점은 주님의 시작점입니다.

마리아의 가족은 예수님과 특별한 관계이지만 예수님을 부분적으로만 압니다.
친하다고 다 아는 것은 아닙니다.
그들은 죽음을 잠자는 것쯤으로 여기시는 능력의 주님을 알지 못했습니다.
주님을 알지 못하면 하지 않아도 될 생고생을 하게 됩니다.

사실은 나사로만 죽어가는 것이 아닙니다.
마리아와 마르다도 주님이 오실 때까지 나사로 같이 죽어가고 있었던 것입니다.

주님을 알지 못하면 마음의 죽음인 절망이 친구처럼 늘 따라다닙니다.
주님을 믿지 못하면 하루에도 수십 번 죽음을 경험합니다.
그러나 능력의 주님을 알면 소망과 믿음이 친구처럼 늘 함께 다닙니다.
그리고 그 믿음대로 이루어지는 것을 경험합니다.

현상은 하나입니다. 그러나 현상에 대한 진단서는 항상 두 개입니다.

GP는 주님을 바라봄으로 희망의 진단서를 선택합니다.
상황은 그렇게 안 보이지만 상황보다 주님을 더 신뢰하기에 소망을 친구로 받아들입니다.
매일 절망으로 살기에는 내 인생이 너무 아깝습니다.
그래서 나는 매일매일 희망을 선택하기로 했습니다.
밤새 안 좋은 일이 일어났어도 아침이면 희망을 선택합니다.
나는 매일매일 살아있는 삶을 살고 싶습니다.
절망으로 내 삶과 행복을 마귀에게 자진 반납하지 않습니다.
절망은 내 행복을 빼앗기 위해 마귀가 보낸 아주 지독한 강도입니다.

희망은 내 행복을 누구에게도 빼앗기지 않도록 하나님이 보낸 천사입니다.
오늘도 이 희망과 함께 힘차게 출발합니다.

【기도】 주님, 현상에 가려 주님을 보지 못하는 일이 없게 하소서!
【적용】 희망 선포하기!

【PS】 마음을 짓누르는 문제가 있습니다. 그러나 문제가 아니라 문제에 대한 나의 생각이 나를 짓누릅니다. 삶은 문제에 대한 나의 반응으로 만들어지는 정원입니다. 엉겅퀴와 가시밭으로 죽은 정원을 만들 것인지 아름다운 꽃들로 가득한 살아있는 전원을 만들 것인지는 내 마음에 달려 있습니다. 행복은 환경이 아니라 환경에 대한 나의 선택입니다. 당신은 하나님의 위대한 꽃입니다! GF

MEMO

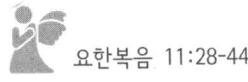 요한복음 11:28-44

아침 고요를 깨우는 함성!

항상 내 말을 들으시는 줄을 내가 알았나이다 그러나 이 말씀하옵는 것은 둘러선 무리를 위함이니 곧 아버지께서 나를 보내신 것을 저희로 믿게 하려 함이니이다 이 말씀을 하시고 큰 소리고 나사로야 나오라 부르시니   [요 11:42-43]

죽음이라는 갑작스러운 비극이 한 가정을 덮쳤습니다.
천수를 누리다가 죽은 것(호상)이 아니라 아직도 살날이 창창한 젊은 나사로가 죽었습니다.
사흘이 지났지만 슬픔은 가시지 않습니다.
울어도, 울어도 슬픔을 다 비워낼 수가 없었습니다.
그때 예수님이 찾으신다는 말을 들은 마리아는 예수님께 달려가 통곡을 합니다.
그 울음이 얼마나 처절했으면 동네 사람들까지 다 울게 하였을까요.
마리아의 울음은 결국 예수님까지 울게 하였습니다.

진실한 관계는 아픔을 함께 느낍니다. 같이 눈물을 흘립니다.
상주들은 흐느껴 우는데 한켠에서는 술잔을 기울이며 떠들고 화투를 칩니다.
그것도 킬킬대면서 말입니다.

슬픔을 나누기 위해 조문을 온 것이 아니라 여러 가지 이유로 마지못해 왔기 때문입니다.

주님은 슬픔을 같이 느낍니다. 마음이 연결된 결과입니다.
그러나 주님은 슬픔을 공유하는 것에 머물지 않습니다.
슬픔을 넘어 사랑하는 이들을 비극으로 몰고 간 사망에 대해 분노하십니다.
마치 매를 맞고 들어온 자식을 보면서 느끼는 부모의 분노처럼 말입니다.
이때 대부분의 부모님은 헐크로 변합니다.
어떤 놈이든 가만두지 않을 요량으로 밖으로 뛰쳐나갑니다.

주님이 그렇습니다.
사랑하는 이들을 비극으로 몰고 간 사망이라는 놈을 작살낼 요량으로 주님은 나사로가 묻힌 무덤가로 달려가십니다.

주님은 나를 힘들게 하는 것에 대해 통분히 여기시는 사랑의 하나님입니다.
내가 괴롭힘을 당하는데도 나 몰라라 한다면 진짜 부모가 아닙니다.
진짜 부모는 그럴 수 없습니다.
자식의 아픔이 내 아픔으로, 자식의 슬픔이 내 슬픔으로, 자식의 비극이 내 비극으로 느껴지는 것이 진짜 부모입니다.
주님은 나사로의 무덤을 향하여 나사로 이름을 부르십니다.
"나사로야!"
그러나 그 소리는 나사로를 향한 부르심이 아닙니다.
나사로를 부르셨다면 부드럽고 사랑스럽게 불렀을 것입니다.

그리고 죽은 사람이 들을 리도 없습니다.
귀만 살아있을 수는 없을 테니까요.

그러나 주님은 크게 소리치셨습니다.
이 큰 소리는 나사로를 향한 소리가 아니라 사망을 향한 호통입니다.
마치 이렇게 호통을 치는 것입니다.
"사망아, 나사로를 그만 괴롭히고 놔 주거라!"
지금 주님의 속은 사망을 향하여 분노의 불이 활활 타오르고 있습니다.

내가 힘든 일을 당할 때 주님은 가만히 계시지 않습니다.
주님은 나보다 더 분노하십니다.
주님은 내가 어떤 처지에 있더라도 건져내시는 사랑의 하나님이십니다.
사망에서도 건져내시니 주님이 못 건져낼 위기는 없습니다.

얼마 전 부당하게 나를 괴롭히는 사람이 있었습니다.
마음이 얼마나 상한지 목사 계급장 떼고 한판 붙고 싶었습니다.
그러나 참고 또 참았습니다.
악을 악으로 갚지 말라는 주님의 말씀을 붙들고 견뎠습니다.
그러자 두 달도 지나지 않아 주님이 그 집안을 손보셨습니다.
그 이후로 나를 대하는 태도가 달라졌습니다.
결국에는 눈에 보이지 않게 멀리 이사 가도록 하셨습니다.
그 사람에게 좀 미안한 마음이 들 정도로 주님은 크게 역사하셨습니다.

내가 불의한 자들에게 당할 때 주님은 용처럼 불같은 콧김을 뿜어내십니다.

물이 이스라엘을 삼키려고 할 때 주님은 대단히 화가 나셨습니다.

'여호와의 콧김으로 말미암아 물 밑이 드러나고 세상의 터가 나타났도다.' (시 18:15)

주님이 나사로를 크게 부를 때 사망은 기겁을 하고 도망쳤습니다.
주님이 내 이름을 부를 때 나를 괴롭히는 문제들은 일곱 길로 도망가게 되어 있습니다.

GP는 묶이지 않습니다.
그 어떤 고통에도 묶이지 않습니다.
주님이 지켜주시기 때문입니다.
GP도 힘든 일과 슬픈 일을 당합니다.
그러나 아주 주저앉지 않습니다.
주님이 일으켜주시기 때문입니다.
하나님의 은혜를 입은 GP는 결국 승리합니다.
GP는 주님을 흉내 냅니다.
주님의 이름으로 큰소리칩니다.
이제 나를 괴롭히는 문제를 향하여 직접 큰소리로 꾸짖습니다.

매일매일 나를 괴롭히는 질병을 꾸짖습니다.
부흥을 막는 침체를 향하여 큰소리로 꾸짖습니다.
성도들의 기업이 번창하지 못하게 하는 적자를 향하여,
성도들의 가정을 파괴하는 음란한 원수를 향하여,
자녀들을 미혹하는 못된 영들을 향하여 큰소리로 꾸짖습니다.

주님은 나에게 큰소리치는 권세를 주셨습니다.
"믿는 자들에게는 하나님의 자녀가 되는 권세를 주셨나니"

사용해 봐야 하나님 자녀의 권세에 얼마나 큰 파괴력이 있는지 알 수 있습니다.

오늘도 생생하게 살아가기 위해 큰소리로 아침을 깨웁니다!

【기도】 주님, 자녀 됨의 권세를 적극 활용케 하소서!
【적용】 기죽지 않기!
【PS】 입을 봉하는 일이 있습니다. 문제 앞에서 큰소리쳐야 합니다. 당신은 하나님의 위대한 보이스입니다! GV

 요한복음 12:12-19

놀란 가슴 쓸어내리며!

예수는 한 어린 나귀를 보고 타시니 이는 기록된 바 시온 딸아 두려워하지 말라! 보라! 너의 왕이 나귀 새끼를 타고 오신다 함과 같더라 제자들은 처음에 이 일을 깨닫지 못하였다가 예수께서 영광을 얻으신 후에야 이것이 예수께 대하여 기록된 것임과 사람들이 예수께 이같이 한 것임이 생각났더라 [요 12:14-16]

어떤 말씀이든지 그대로 이루어지는 것을 보면서 경악을 하게 됩니다.
말씀을 들을 때는 긴가민가하는 의심 반, 믿고 싶은 맘 반이었기 때문입니다.
아직 성취되지 않은 예언의 말씀을 믿는 것이 쉽지가 않습니다.
제자들은 주님이 예언한 일들이 자기들 눈앞에서 펼쳐지는데도 그것을 깨닫지 못합니다.
그것이 다 이루어진 후에야 일의 시종을 깨닫습니다.

깨닫게 하시는 주님의 은혜가 얼마나 귀한지 모릅니다.
무엇보다 미리미리 깨닫는 것은 정말 큰 축복입니다.
나중에라도 깨닫는다면 다행이지만 미리 깨닫는다면 그만큼 유익할 것입니다.
제자들은 자주 뒷북을 칩니다.

그럴 만도 한 것이 주님의 말씀이 그들의 예상을 뛰어넘어 역사하기 때문입니다.

나의 이성에 묶여 적시에 주님의 말씀을 깨닫지 못하는 오류가 없기를 소망합니다.
깨달아야 할 때 깨닫지 못하면 그동안은 혼미한 상태로 살아야 합니다. 그것은 인생 낭비입니다.

깨닫지 못하면 주님은 막말도 서슴지 않습니다.

'깨닫지 못하는 사람은 멸망하는 짐승 같도다' (시49:20)

말씀이 성취되기 전에 그대로 이루어질 것을 믿고 깨닫는 것은 축복입니다.
인생 중 혼미한 시간들을 줄여주기 때문입니다.

불신하면 인생 헤매다가 끝나지만, 말씀을 믿으면 밝히 알고 사는 축복을 누립니다.
미리 깨닫는 사람이 인생의 고지를 선점할 수 있습니다.
말씀을 대할 때 두려움이 있습니다.
그 말씀이 나에게만큼은 빗겨가기 바라는 연약함이 있기 때문입니다.

주일에 벌어진 상황들이 말씀이 성취되는 과정이었음을 깨닫고 잠을 이루지 못했습니다.
그래서 놀란 가슴으로 새벽기도 가기 전에 큐티를 올리게 되었습니다.

미리미리 깨닫는 것이 GP입니다.
그 약간의 시간차가 GP와 SP의 변곡점입니다.

【기도】 주님, 이제 다 보고 깨닫는 자가 아니요 미리미리 깨닫는 자가 되게 하소서!
【적용】 말씀을 깊이 상고하기! 진지하게 말씀을 대하기!
【PS】 총명을 둔하게 하는 일들이 있습니다. 보이는 것만 믿으면 둔하지만 보이지 않아도 말씀을 믿으면 총명이 별처럼 빛납니다. 당신은 하나님의 총명입니다! GB

MEMO

CHAPTER 3

묵상글 모음

2010. 03

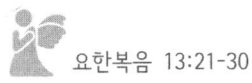
요한복음 13:21-30

이 시대의 영원한 금메달!

예수께서 이 말씀을 하시고 심령에 민망하여 증거하여 가라사대 내가 진실로 진실로 너희에게 이르노니 너희 중 하나가 나를 팔리라 하시니 　[요 13:21]

주님은 민망하시다 못해 참담하십니다.
다른 사람도 아니고 제자에게 팔리니 말입니다.
믿는 도끼에 발등이 찍힌다고 하지만 생사고락을 같이 한 제자에게 그 일을 당하시니 참 힘드셨을 것입니다.
말하기도 부끄러운 일입니다.
제자들은 그가 누구인지 전혀 눈치채지 못합니다.
감쪽같이 속내를 숨기고 있으니 알 길이 없는 것이죠.
제자들이 둔하다기보다는 사람이 그만큼 교활할 수 있다는 것이 놀랍습니다.
그러나 알고 보면 놀랄 일도 아닙니다.
사람 속은 아무도 모른다는 속담이 있을 정도니까요.
그래서 제자들은 예수님을 팔 제자가 누군지 더욱 궁금합니다.
그런데도 주님은 끝내 그가 누구인지 알게 하지 않으십니다.
제자들이 조르는 통에 알려주지만 긴가민가하게 하시므로 제자들은 정확히 사태 파악을 하지 못합니다.

주님은 주님을 팔 자의 어려움까지도 헤아리고 계십니다.
팔 자를 향한 주님의 놀라운 배려입니다.
주님은 끝까지 그의 인격을 지켜주고 싶으셨습니다.
만약 주님이 그 자리에서 공개해 버리면 유다의 입장은 참 난감했을 것입니다.
주님이 유다의 이름을 이야기했다면 아마 유다는 공개처형이라도 당할 것입니다.
가만히 있을 베드로가 아닙니다.
실제 죽이는 일이야 안 일어나겠지만 인격 살인은 자행되었을 것입니다.
살인도 끔찍한 일이지만 인격 살인도 파괴적인 면에서 살인에 뒤지지는 않습니다.
인격 살인이 내 주변에서 얼마나 많이 벌어지고 있는지 되돌아봅니다.
내 주변에서 실제 살인은 벌어지지 않을 것입니다.
그러나 인격 살인은 비일비재하게 벌어지고 있습니다.
인격 살인 현장에서 나도 한몫 단단히 거들곤 했으니까요.

자신이 곧 팔려갈 것임을 알면서도 유다를 배려하는 주님은 참 사려 깊은 분입니다.
끝까지 남의 유익을 구하는 주님은 영원한 금메달입니다.

【기도】 주님, 남의 아픔을 헤아리는 세심한 자가 되게 하소서!
【적용】 아픔을 나누기!
【PS】 남의 아픔에 둔해지는 것이 인간입니다. 당신은 하나님의 위대한 사랑입니다! GP

 요한복음 14:15-24

기적의 진원지!

나의 계명을 지키는 자라야 나를 사랑하는 자니 나를 사랑하는 자는 내 아버지께 사랑을 받을 것이요 나도 그를 사랑하여 그에게 나를 나타내리라 [요 14:21]

주님은 계명을 지키는 자라야 주님을 사랑하는 것이라 말씀하십니다.
주님을 사랑하는 것을 알 수 있는 기준 중에 이보다 분명한 시금석은 없습니다.
종종 스스로 속곤 합니다.
계명을 잘 알고 그래서 남들을 잘 가르치는 것과 계명에 순종하며 사는 것은 다릅니다.
계명에 통달한 것이 주님을 사랑하는 것이 아니라 계명을 지키는 것이 사랑하는 것입니다.
여기엔 어떤 타협이나 이견이 있을 수 없습니다.
아주 명쾌합니다.
주님을 사랑하는 것은 말로 증명되지 않습니다.
물론 고백은 중요하지만 고백 그 자체가 사랑은 아닙니다.
사랑은 주님의 뜻을 따라 사는 것입니다.
바리새인들과 서기관들은 계명의 박사들입니다.
그러나 그들은 주님을 사랑하지 않습니다.

아니 전혀 주님을 모릅니다.
그들은 계명을 따라 살지 않습니다.
계명을 이용하여 살아가지만 계명을 지킬 생각이 없습니다.
그들은 계명을 따라 살 때 나타내 보여주시는 주님을 경험한 적이 없습니다.
나는 전문적으로 계명을 공부하고, 남들을 가르치고, 성경을 날마다 묵상합니다.
날마다 기도합니다. 그리고 날마다 주님을 예배합니다.
그러나 이것이 주님을 사랑하는 것은 아닙니다.
종교적 행위 자체는 살아있는 생명이 없습니다.
주님과의 살아있는 관계에서만 종교적 행위는 그 힘을 발휘합니다.

살아있는 생명은 주님과의 살아있는 관계에서만 가능합니다.
순종 없는 살아있는 관계는 없습니다.

사랑하지 않아도 법적으로는 부부일 수 있습니다.
그러나 실제적으로는 부부가 아닙니다.
살아있는 관계가 아니기 때문입니다.

계명을 따라 살지 않으면 명목상으로는 주님의 제자일 수 있지만, 실제적인 제자는 아닙니다.
명목상 제자는 천국 문 앞에 설치된 검색기에서 걸러집니다.
많은 사람들이 왜 자신이 천국 검색기를 통과하지 못하는지 깜짝 놀랍니다.
그래서 다시 체크하고 또 체크하지만 결과는 같습니다.

나중에는 검색기가 잘못되었다고 항변하지만 검색기는 전혀 이상이 없습니다.

그 검색기에는 큰 글씨로 이렇게 쓰여 있습니다.
'주님의 계명을 지킨 사람만 통과할 수 있습니다!'

사랑은 큰 힘입니다.
그렇게 무겁게만 느껴지던 계명을 가볍게 만들어줍니다.
억지로 행하게 하던 것을 자발적으로 하게 만듭니다.

주님을 사랑하면 계명이 더 이상 멍에가 아닙니다.
주님을 사랑하면 계명은 목에 걸고 다니며 자랑하고 싶은 휘황찬란한 명예가 됩니다.
그러나 주님을 사랑하지 않으면 계명은 코를 꿰는 쇠코뚜레입니다.
억지로 끌고 가기 위해 코를 뚫는 쇠코뚜레만큼 고통스러운 것도 없습니다.

세상에 주님 사랑만큼 강한 힘도 없습니다.
주님 사랑은 기적의 진원지입니다.

【기도】 주님, 한없이 주님을 나타내 보여주실 정도로 주님을 사랑하게 하소서!
【적용】 형편과 상황에 따르지 않고 말씀 따라 살기!
【PS】 힘든 일이 있습니다. 팔뚝이 약하여 힘든 것이 아니라 사랑의 힘, 줄이 약하기에 힘듭니다. 당신은 하나님의 위대한 사랑입니다! GL

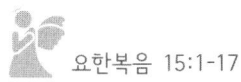 요한복음 15:1-17

차가운 수술대!

과실을 맺지 못하는 가지는 제하여 버리고 과실을 맺는 가지는 더 맺도록 깨끗하게 하십니다.
과실을 맺는 가지도 깨끗하지 않습니다.
흠이 없는 가지는 없습니다.
흠이 작을 뿐이지 완벽한 가지는 없습니다.
열매를 맺지 못할 정도는 아니지만 열매를 더 맺을 수 없게 하는 흠은 있습니다.
주인은 그것을 깨끗하게 합니다.

주님이 그렇습니다.
주님은 나에게서 최고를 바라십니다.
풍성하기를 바라십니다.
그래서 작은 흠도 가만 보고 계시지 않습니다.
그런데 깨끗하게 하는 과정이 쉬운 것은 아닙니다.
칼로 흠을 도려내기도 하고,
지독한 약으로 처리하기도 합니다.
수술대에 누워 본 분들은 압니다.
그 깨끗하게 하는 과정이 얼마나 고통스러운지를.

깨끗한 과정은 고통이 따릅니다.
사람은 고통이 따르지 않으면 스스로 돌이키지 않습니다.
죄가 그만큼 끈질깁니다.
애굽의 바로 왕은 열 번째 고통까지 가서도 돌이키지 않습니다.
그것이 죄악의 집요함입니다.
고통이 사무쳐야 회개할 마음을 먹기 시작합니다.
그러므로 고통과 고난은 나를 깨끗케 하는 정화제입니다.

놀라운 주님의 은혜는 그런 고통을 견딜 소망과 은혜를 주십니다.
그것이 비전이며 약속입니다.
깨끗케 된 이후에 열매 맺는 비전과 약속을 주십니다.
깨끗하게 만드는 과정을 견디는 것이 만만치 않습니다.
그 긴 고통의 과정을 견딜 수 있는 힘은 열매 맺는 비전을 품는 믿음입니다.

GP는 연단의 과정을 감사함으로 감당합니다.
연단의 과정 없이 크게 쓰임 받은 사람은 없습니다.
큰 연단은 GP의 뚜렷한 마크입니다.

【기도】 주님, 십자가 고통을 나누는 사순절이 되게 하소서! 정금같이 나가기 위한 연단을 잘 견디게 하소서!
【적용】 풍성한 열매 맺는 비전 품기
【PS】 거부하고 싶은 고통이 찾아옵니다. 불청객이 아니라 하나님의 천사입니다! GP

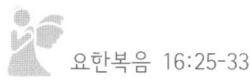 요한복음 16:25-33

사랑의 팡파르!

보라 너희가 다 각각 제 곳으로 흩어지고 나를 혼자 둘 때가 오나니 벌써 왔도다 그러나 내가 혼자 있는 것이 아니라 아버지께서 나와 함께 계시느니라

[요 16:32]

주님은 홀로 될 것을 말씀하십니다.
제자들은 부정하고 싶겠지만 그리고 다짐하지만 위기가 닥치면 도망칠 것입니다.
위기를 만나면 자신의 의지대로 사는 것이 아니라 본능대로 사는 게 사람입니다.

주님은 도망치는 것을 책망하지 않으십니다.
책망한다고 제자들의 유약함이 강해지는 것이 아님을 아십니다.
나의 강함은 의지에서 나오는 것이 아니라 성령님에게서 나옵니다.

그러나 주님은 혼자가 아닙니다.
주님은 아버지와 함께하십니다.
물론 주님도 인간이시기에 제자들이 함께 있어 주면 큰 위로가 될 것입니다.

그러나 그럴 수도 없습니다.
제자들의 유약함 때문입니다.

힘들 때 사람들과 함께하는 것이 위로가 되지만 위기에서 이길 힘은 하나님과 함께할 때 나옵니다.

하나님은 종종 홀로 있게 하십니다. 아무도 의지할 수 없게 하십니다.
그 이유는 위기를 이길 하나님의 힘을 주시기 위해서입니다.
하나님이 주시는 힘만이 지금의 위기를 이길 수 있기 때문입니다.

GP=위대한 믿음의 사람들은 사람들이 곁을 떠난다고 슬퍼하지 않습니다.
낙심하거나 떠나는 사람들을 원망하지 않습니다.
아니 GP는 많은 사람들이 곁에 있을 때에 스스로 홀로됨을 택하기도 합니다.
그것이 하나님이 함께하시는 경이로운 은혜를 체험하는 기회임을 알기 때문입니다.

홀로 되는 것은 청승을 떠는 전주곡이 아닙니다.
홀로 됨은 하나님을 만나는 팡파르(Fanfare)입니다.

오늘 그 장소로 갑니다. 멀리멀리 아주 멀리.
아무 방해도 받지 않고 하나님과만 만날 수 있는 그곳으로.
유독 요즘은 하나님이 독대를 원하십니다.
주님의 은혜가 나에게 절실하다는 사실을 나보다 주님이 더 잘 아시기 때문입니다.

오늘 주님의 따뜻한 콜링을 받습니다.

【기도】 주님, 잡다한 것에 매이지 않게 하소서!
【적용】 하나님의 시내 산 오르기!
【PS】 혼자되는 것은 참 견디기 힘든 아픔입니다. 그러나 위기를 극복할 근원적인 힘을 얻기 위한 진통입니다. 당신은 하나님의 위대한 연인입니다! GL

 요한복음 17:9-19

주님처럼 나도 갑니다!

지금 내가 아버지께로 가오니 내가 세상에서 이 말을 하옵는 것은 저희로 내 기쁨을 저희 안에 충만히 가지게 하려 함이니이다 [요 17:13]

주님은 하나님 아버지께로 가실 때까지 온통 제자들에 대한 생각뿐입니다. 함께 계실 때뿐 아니라 가실 때도 제자들만 생각하십니다.

주님처럼 세상에서 제자들이 미움을 받을 것이라 생각하니 아버지께로 가는 주님의 발걸음이 천근만근입니다.
그래서 자기 사람들을 아버지께 당부하고 또 위탁하는 기도를 드립니다.
주님은 아버지께로 가는 그 순간까지 제자들에게 기쁨을 충만하게 부어주고 싶어 하십니다.
주님은 그 끔찍한 십자가 고통을 눈앞에 두고 계시면서도 제자들에게 기쁨을 채워주시는 일에 온 마음을 쏟으십니다.

주님이 아버지께로 가셨듯이 나도 갑니다.
'이 사실을 좀 더 일찍 알았다면 좋았을 걸' 하는 쓸데없는 생각을 합니다. 누구나 가는 것을 알지만 누구나 그것을 인식하며 그날을 대비하면서 살지는 않습니다.

그래서 아버지께로 가는 날이 오면 사람들은 너무 빨리 왔다고 난리를 칩니다.
가장 적당할 때에 아버지가 부르셔서 가는 것인데 항상 빨리 왔다고 생각합니다.
그 이유는 부르실 때를 대비하면서 살지 않았기 때문입니다.
시간이 많은 줄 알고 이 땅에서 사는 일에만 골몰한 결과입니다.

주님은 아버지께 가시기 전까지 제자들을 사랑하셨습니다.
온 마음과 온몸으로 제자들을 지켜주셨습니다.
그리고 마지막 가시는 순간까지도 제자들을 생각하십니다.

사랑은 어느 날 갑자기 몰아서 할 수가 없습니다.
마지막 날 사랑할 수 있는 것은 마지막이 이르기 전에 사랑했기 때문입니다.
사랑은 개학을 앞둔 학생이 날밤 새우며 몰아서 숙제하는 것처럼 할 수가 없습니다.
한꺼번에 하는 방학숙제는 천박할 수밖에 없습니다.
그런 숙제는 미리미리 한 품격 있는 숙제를 따라갈 수가 없습니다.

마지막 날에 한꺼번에 나누어 주는 사랑은 결코 고품격의 사랑일 수 없습니다.
사랑은 매 순간순간 나누는 호흡입니다.
호흡을 한꺼번에 몰아서 할 수 없듯이 사랑도 한꺼번에 몰아서 할 수 없습니다.

주님이 마지막 순간에도 제자들을 사랑하실 수 있는 것은 매 순간 온 마음으로 제자들을 사랑하셨기 때문입니다.

'내일 나도 간다' 그래서 '오늘은 나에게 마지막 날이다'라는 종말론적 인식이 오늘을 후회 없이 사랑하도록 만들어줍니다.
오늘 사랑을 하지 않으면 내일도 모레도 결국 마지막도 밀린 사랑의 숙제 때문에 아버지께 가는 발걸음은 천근만근입니다.

오늘을 후회 없이 사랑하고 미련 없이 살아야 마지막 발걸음도 가볍습니다.
오늘을 마지막 날인 것처럼 생각하면서 주어진 기회와 과제 그리고 사랑을 미루지 않으려고 합니다.

밖에는 온통 눈으로 덮였습니다.
그렇다고 눈을 핑계 삼아 눌러앉아 있기에는 내게 시간이 너무 없습니다.

저는 내일 아버지께로 갑니다. 아니면 오늘 갈 수도 있습니다.
그래서 머뭇거릴 수 없고, 내일로 미룰 수가 없습니다.

【기도】 주님, 사랑의 숙제 미루지 않게 하소서!
【적용】 환경을 극복하면서 계획대로 진행하기!
【PS】 아버지께 가는 날이 있기에 오늘이 최고의 날입니다. 당신은 하나님의 위대한 인생입니다.

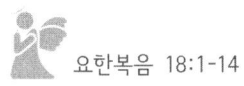 요한복음 18:1-14

나는 주님의 어릿광대!

사랑을 설파하시는 주님을 따르는 제자가 무장을 하고 있다는 사실이 새삼스럽습니다.
그 칼이 과도 같은 생활용품은 아닐 것입니다.
오랜 여행을 하려면 칼과 같은 호신용 무기가 필요할지 모릅니다.
야수가 출몰할 수도 있고, 포악한 강도를 만날 수도 있으니까요.

하여튼 주님도 베드로의 무장을 묵과하신 것을 보면 칼의 선한 용도가 있었을 것입니다.
칼집까지 있는 칼을 예수님 몰래 가지고 다니기는 힘들었을 테니까요.

인간적으로 보면 베드로는 가장 적절한 때에 칼을 휘둘렀습니다.
자기가 따르던 주님이 위험에 처했는데 무기를 가진 자가 아무 일도 안 한다는 것은 비겁한 일입니다.
주님을 구하는 일이라면 칼이 아니라 돌이라도 던지면서 저항을 해야 마땅합니다.
주님이 체포당하시는데도 겁에 질려 물끄러미 바라만 보는 제자들은 비난받아 마땅합니다.
교회가 어려움에 처해 있는데 남의 일처럼 나 몰라라 한다면 비난받아

마땅하죠.

베드로의 용기는 이 시대에 필요한 용기입니다.
주님을 지키기 위해서라면 무모하더라도 칼을 휘두르는 용맹한 영성이 필요합니다.

교회 어려움 앞에서 내 몸을 사려왔던 나는 베드로의 투사정신을 본받고 싶습니다.
주님이 베드로의 행동을 책망하셨다고 해서 겁에 질려 아무것도 안 하고 있는 제자들이 미화될 수는 없습니다.
그들이 주님의 깊은 뜻을 헤아려 그렇게 아무것도 안 한 것이 아니기 때문입니다.

나는 그럴듯한 명분 아래 나의 비겁함을 숨긴 채 살아가는 비겁자가 아닌지 돌아봅니다.

주님의 지적처럼 분명 베드로는 칼을 적절하게 사용하지는 않았습니다.
혼자서 그 많은 군사들과 싸우려 했다면 그것은 분명 만용입니다.
주님의 뜻을 헤아리지 못하고 칼을 휘둘렀다면 베드로는 분명 어릿광대입니다.

그러나 베드로의 중심에서 불타고 있는 그 투사정신만큼은 천만금을 주고라도 사고 싶습니다.
이 핑계 저 핑계 대가며 몸을 사리는 나와 교회의 모습이 오버랩됩니다.
그럴듯한 구실 뒤에 숨어서 앞장서기를 꺼리는 나의 모습입니다.

앞장서는 자리는 남들보다 더 많은 희생을 감당해야 하기에 약삭빠르게 뒤로 물러나는 나의 모습입니다.

죽을 때 죽더라도 단 하루만이라도 이 한 몸 던지는 투사정신으로 살고 싶습니다.
비겁한 자로 살면서 매일매일 죽는 것보다 용감한 자로 한번 죽는 삶을 동경합니다.

비굴하게 연명하기보다는 당당하게 살다 가고 싶습니다.

여러 가지 위협 앞에 겁을 먹고 있는 나에게 큰 용기가 필요함을 아신 주님께서 이 아침에 용기를 주십니다.

어릿광대는 무슨 일에 앞잡이로 나서서 그 일을 시작하기 좋게 만들어주는 역할을 합니다.
나는 주님의 어릿광대로 살고 싶습니다.
그거 용기 없으면 못하기에 오늘도 주님이 용기 부어주시기를 간절히 바랍니다.
길고 오래 사느니 짧더라도 주님의 어릿광대로 살고 싶습니다.

GP는 주님의 어릿광대입니다.
남들의 비웃음도 감수합니다. 주님을 드러내는 일이라면.
그러나 SP는 세상의 어릿광대로 살아갑니다.
사람들의 만족이 되고자 하면 SP입니다.

사울처럼 사람들의 어릿광대가 아니라 에스더처럼, 다니엘처럼 주님의 어릿광대로 사는 것이 GP입니다.

【기도】 주님, 제가 사는 모습이 세상 사람들에게 웃음거리가 될지 모르나 저의 삶이 주님을 널리 알리는 어릿광대로 쓰임 받게 하소서!
【적용】 좁을 길 가기!
【PS】 사람 눈치 볼 일 많습니다. 주님이 눈동자처럼 지키시니 주님과 눈을 마주쳐야 살길이 보입니다. 당신은 하나님의 위대한 어릿광대입니다! GC

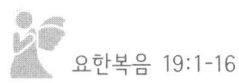
요한복음 19:1-16

여백 없이~ 인생은 한 번 나답게 살기

저희가 소리 지르되 없이 하소서 없이 하소서 저를 십자가에 못 박게 하소서 빌라도가 가로되 내가 너희 왕을 십자가에 못 박으랴 대제사장들이 대답하되 가이사 외에는 우리에게 왕이 없나이다 하니 이에 예수를 십자가에 못 박히게 저희에게 넘겨주니라
[요 19:15-16]

빌라도는 예수님이 하나님의 아들이라는 말을 듣고 더욱 두려워합니다. 그렇지 않아도 예수님에게서 죄를 찾을 수 없었기 때문에 예수님을 재판하는 것을 달갑게 여기지 않았습니다.
더욱이 로마사람들은 명예와 법을 중히 여기는 사람들이라 자신이 통치하는 동안 죄 없는 사람을 죽였다는 불명예스러운 일을 피하고 싶어 합니다. 그리고 그의 양심도 그것을 허락하지 않습니다.
로마 총독이라고 해서 아무렇게나 사람을 죽이지 않습니다.
당시 로마사람들은 다른 민족을 야만인 취급할 정도로 뛰어난 법과 명예 그리고 수준 높은 양식과 나름대로 탁월한 종교를 가진 민족이었습니다.

지금 빌라도는 아주 난처한 입장에 처해 있습니다.
예수님도 그 고통이 말이 아니시지만 빌라도도 내적으로 큰 갈등과 혼란을 겪고 있습니다.

그는 지금 두려운 가운데 마지못해 예수님을 재판하는 재판석에 앉아 있습니다.
권위와 명예의 상징인 재판석이 가시방석입니다.
하나님의 아들이라는 말을 듣고 두려워할 정도로 빌라도는 양식 있는 사람입니다.

그것을 알고 있는 유대인들은 교활하게 빌라도의 아킬레스건을 건드립니다.
바로 가이사를 들먹이는 것입니다.
참으로 교활한 유대인들입니다.
그리고 빌라도는 하늘의 왕보다 땅의 왕을 더 두려워한 나머지 주님을 십자가에 못 박도록 판결을 내립니다.
강압에 의해서 그렇게 하는 것입니다.
개인적으로는 불명예요 양심에 찔리는 일을 떠밀려 합니다.
무지 힘들었을 빌라도가 측은하기까지 합니다.

나는 오늘 재판석에 앉은 빌라도가 되어 봅니다.
나는 내가 가진 권리를 정당하게 행사하고 있는가?
무언가에 떠밀려 억지로 하지는 않는가?
특히 양심에 찔리는 일을 하지는 않는가?

오늘은 훌훌 털고 좀 자유롭게 살고 싶습니다.
나답게 살고 싶습니다.
인생은 한 번뿐이니까요.
여러 번 사는 인생이라면 후회할 짓도 하면서 살겠지만 인생이 딱 한 번뿐이니 그렇게 살기에는 내 인생이 너무 아깝습니다.
불의에 굴복하여 떠밀려 사느니 차라리 배고픈 자유를 택하고 싶습니다.
배고픈 것은 참아도 나다운 자유를 억압당하는 것은 참을 수 없습니다.
그것은 나를 여러 번 죽이는 일이기 때문입니다.

GP는 주님이 나에게 허락하신 나다운 삶을 사는 사람입니다.
그런 하루는 100년을 비굴하게 사는 것보다 낫기 때문입니다.
굵고 짧게, 아니면 얇고 길게… 나의 선택입니다.
주님은 나를 자유롭게 살도록 은혜를 주셨습니다.
어떻게 살든 주님을 뵈올 날은 어김없이 찾아올 테니까요.

오늘 핸드폰 액정화면에 이런 화면문구를 꾹꾹 눌러가면서 명토 박아 둡니다.
'인생은 한 번뿐 나답게 살기'
공간이 모자라 한 글자와 기호 그리고 여백도 없애야 들어갑니다.
인생은 한 번뿐 나답게 살기.

주님이 기뻐하시는 나답게 살 때 마귀가 틈탈 여백이 없어집니다.

【기도】 주님, 자유를 주셨으니 그 자유로 주님을 그리고 나의 만족을 위해 살게 하소서!
【적용】 불의에 굴복하지 않기!
【PS】 배고픔은 잠시이지만 나다움을 잃어버리면 평생 궁색합니다. 당신은 하나님의 위대한 자유입니다! GF

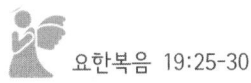 요한복음 19:25-30

가슴에 박힌 십자가!

예수의 십자가 곁에는 그 모친과 이모와 글로바의 아내 마리아와 막달라 마리아가 섰는지라
[요 19:25]

예수님의 어머니는 아들이 십자가에 달려 죽는 것을 지켜봅니다.
어머니의 정서로 이것이 가능한지 의구심이 생깁니다.
사랑하는 아들이 비참하게 죽어가는 것을 맨 정신으로 지켜볼 어머니는 없습니다.

보통 어머니는 아예 처형장 근처에도 나오지 못할 것입니다.
설령 나온다 해도 그것을 끝까지 지켜보지 못할 것입니다.
그것도 가까운 곳에서.
사랑하는 아들이 죽어가면서 내뱉는 신음, 금이야 옥이야 그토록 애지중지 아끼며 키운 사랑한 아들의 찢긴 몸에서 흐르는 선혈, 그리고 아들의 피가 고인 땅에서 묻어나는 피 냄새.
이것을 가까이서 다 지켜볼 어머니가 있을까?

어머니 마리아는 십자가에 달려 죽어가는 아들 예수보다 더 큰 아픔을 가슴에 새기면서 마치 자신이 죽어가듯 아들의 아픔과 죽음에 일체감을

갖습니다.

참으로 놀랍습니다.
보편적인 어머니의 정서로 볼 때 불가능한 일입니다.
다들 미칠 것입니다. 아니면 혼절할 것입니다.
그러나 어머니 마리아는 다 지켜봅니다.
맨 정신으로 말입니다.

이것은 하나님의 놀라운 은총이 아니고서는 불가능한 일입니다.
예수님이 십자가에서 죽어갈 때 가장 큰 하나님의 은총에 둘러싸인 분은 어머니 마리아입니다.
예수님이 하나님의 사명을 다하기 위해 십자가에 달려 죽을 수 있었던 것은 이렇게 강한 어머니의 사랑 때문입니다.

사랑하는 이들의 아픔까지도 목도하는 것이 사랑입니다.
좋은 것만 함께하는 것은 사랑이 아닙니다.
사랑은 사랑하는 이의 아픔도 아니 죽음까지도 지켜보며 함께하는 것입니다.
누가 시키지 않아도 사랑하는 이의 아픔이 저절로 전달되는 것이 진실한 사랑입니다.

그날 십자가에 못 박힌 사람은 예수님과 강도 둘만이 아닙니다.
그날 십자가에 못 박힌 사람은 어머니 마리아 그리고 이모, 글로바의 아내, 막달라 마리아 그리고 함께 있던 제자입니다.
주님이 십자가에 못 박힌 그날 이들의 가슴에도 각각의 십자가가 못 박혔습니다.
예수님의 십자가 고통은 사랑하는 이들에게 그대로 전달되었고 이것은 주님이 십자가 고통을 견딜 힘이 되었습니다.
어머니의 응원, 여러 마리아들과 그 제자의 응원을 받으며 주님은 십자가에서 승리할 수 있었습니다.

무엇보다도 비참하게 죽어가는 아들 되신 예수님을 지켜본 어머니 마리아가 함께 나눈 고통이 가장 큰 응원이 되었습니다.

세상에서 가장 강한 분은 어머니입니다.
위대한 GP에게는 강한 어머니가 있습니다.
강한 어머니는 위대한 GP를 만듭니다.
GP는 고통을 피하지 않습니다.
그 고통과 대면합니다.
그래서 고통이 도망갑니다.
그러나 SP는 고통을 보면 고개를 돌립니다.
그래서 평생 고통에 쫓겨 다닙니다.

'사망아 너의 승리가 어디 있느냐 사망아 네가 쏘는 것이 어디 있느냐!'(고전 15:55)

GP는 죽음을 향해서도 승리를 선포합니다.
그래서 GP는 사망이 나를 주장하지 못하게 합니다.

【기도】 주님, 사망 앞에 고개 숙이거나 피하지 않게 하소서!
【적용】 평안을 주장하고 누리기!
【PS】 사랑하는 사람의 아픔을 봐야 할 일이 있습니다. 용기가 필요합니다. 고통은 승리로 가는 외다리입니다. 당신은 하나님의 위대한 용기입니다! GC

MEMO

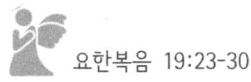 요한복음 19:23-30

플러스 묵상 + 한 편 속 두 편

예수께서 그 모친과 사랑하시는 제자가 곁에 섰는 것을 보시고 그 모친께 말씀하시되 여자여 보소서 아들이니이다 하시고 또 그 제자에게 이르시되 보라 네 어머니라 하신대 그 때부터 그 제자가 자기 집에 모시니라 [요 19:26-27]

예수님은 어머니 앞에서 죽습니다.
그리고 어머니 마리아를 제자에게 맡기십니다.

세상에 가장 악한 불효는 부모보다 먼저 죽는 자식입니다.
그것도 부모가 죽음을 지켜보게 하는 것은 불효 중에 최악의 불효입니다.
아들이 교통사고를 당해 비참하게 일그러져 죽었습니다.
어머니는 그 아들이 중환자실에서 죽는 것을 지켜봐야 했습니다.
죽은 다음에 어머니는 그 장남을 먼저 간 남편 묘지 바로 아래에 묻었습니다.
묘지에 갈 때마다 어머니는 아들 묘를 거쳐 남편 묘 앞으로 갑니다.
불효도 그런 쌍불효가 없습니다.
저의 간절한 기도 제목 중의 하나입니다.
어머니보다 먼저 죽지 않는 것. 그것은 어머니를 두 번 죽이는 불효입니다.
그런데 예수님이 이런 불효를 저지르십니다.

어머니보다 먼저 죽는 것도 모자라 죽어가는 모습을 그대로 다 지켜보게 합니다.

어머니에 대한 예수님의 불효는 하나님 아버지의 효와 충돌합니다.
어머니에 대한 효가 하나님에 대한 효를 가리기 때문입니다.
하나님 아버지와 육체의 부모님에 대한 효가 충돌할 때가 있습니다.

GP는 효의 질서를 따릅니다.
First Jesus, and parents!
이 질서가 뒤엉키면 인생 배배 꼬이기 시작합니다.
이 질서가 바르게 서면 꼬인 인생도 술술 풀립니다.

예수님이 십자가에 달려 당하신 고통은 말로 다 형용할 수 없습니다.
육체적 고통은 말할 것도 없고 심적 고통까지 겪으셔야만 했습니다.
자신의 극심한 고통 가운데서도 주님은 어머니를 제자에게 맡길 정도로 자신의 고통에만 매여 있을 수 없었습니다.
주님은 자신의 고통에만 매여 있을 한 뼘의 여유도 없으셨습니다.
어머니가 당하시는 고통을 헤아리셨기 때문입니다.

보통은 자신의 고통이 크면 남의 고통은 눈에 들어오지 않습니다.
그러나 주님은 자신이 감당 못할 고통을 당하면서도 어머니의 고통까지 헤아리십니다.
주님의 십자가는 +입니다.
자신의 고통에 어머니의 고통까지 플러스하십니다.

자신의 고통만 짊어지는 것은 십자가가 아닙니다.
십자가는 +입니다.
자신의 고통에 남의 고통까지 플러스하는 것이 +십자가입니다.

-(마이너스) 십자가는 없습니다.
세로 막대가 없어진 기형의 십자가는 십자가가 아닙니다.
그것은 마이너스 기호일 뿐입니다.

GP는 남의 고통까지 +(플러스)하는 사람입니다.
하나님은 그런 GP에게 복에 복을 +(플러스)하십니다.
주님을 너무 닮았기 때문입니다.

타인의 고통에 눈을 감거나 도망치려고 하면 인생은 -(마이너스)되기 시작합니다.
그러나 자신의 고통도 있지만 남의 고통까지 +(플러스)하면 넘치도록 풍성해집니다.
눈이 가린 사람은 남의 고통이 쓰레기로 보입니다.
그러나 눈이 열린 GP에게는 남의 고통이 자신의 복으로 보입니다.

【기도】 주님, 주님께 효도하고 부모님께도 효도할 수 있는 은혜주소서! 그리고 남의 고통도 내 십자가에 플러스하게 하소서!
【적용】 어머니 돌아보기+남의 아픔 헤아리기!

요한복음 20:1-10

묵상 나눔을 중단하는 이유!

베드로와 그 다른 제자가 나가서 무덤으로 갈새 둘이 같이 달음질하더니 그 다른 제자가 베드로보다 더 빨리 달려가서 먼저 무덤에 이르러 구부려 세마포 놓인 것을 보았으나 들어가지는 아니하였더니 시몬 베드로는 따라와서 무덤에 들어가 보니 세마포가 놓였고 또 머리를 쌌던 수건은 세마포와 함께 놓이지 않고 딴 곳에 쌌던 대로 놓여 있더라 그 때에야 무덤에 먼저 갔던 그 다른 제자도 들어가 보고 믿더라

[요 20:3-8]

막달라 마리아는 새벽 아직 어두울 때 무덤을 찾아갑니다.
밤새 잠도 안 자고 안식일이 끝나기만 기다렸나 봅니다.
무엇 때문에 그렇게 서둘러 무덤을 찾아갈까?

마리아는 무덤이 비어있음을 발견합니다.
그리고는 그 사실을 제자들에게 알리기 위해 달려갑니다.
또한 그 소식을 들은 베드로와 제자들은 달려갑니다.
도대체 왜들 이렇게 뛰어다닐까?

부활을 믿는 것도 아니고, 이미 죽어서 매장된 시신이 없어진 것뿐인데 말입니다.
그런데 마리아를 비롯하여 제자들은 마치 달리기 경주라도 하듯이 달려갑니다.
사람은 급하지 않은 일에는 달리지 않습니다.
천천히 여유를 부리면서 다닙니다.
그러나 중요하거나 급한 일은 서두르기도 하고 달리기도 합니다.

비록 예수님은 무덤에 묻혔지만 이들에게 예수님은 여전히 중요한 분입니다.
이들에게 주님은 여전히 최우선 관심의 대상입니다.
이들이 부활을 믿었다면 이렇게 뛰어다니는 것이 당연하겠지만 부활을 믿지 않은 상태에서 시체를 두고도 이렇게 달리는 것은 평범한 일이 아닙니다.

제자들은 예수님이 살아계실 때보다 오히려 죽으신 다음에 주님을 향한 마음이 더욱 간절해졌습니다.
전에는 예수님이 말씀하시면 더디 반응하던 제자들이 이제는 예수님의 시신 앞으로 달려갈 만큼 신속히 반응합니다.

예수님의 죽으심을 경험한 제자들에게 놀라운 변화가 나타났습니다.
전에는 제자들에게 주님은 뒷전으로 밀려 나셨는데 주님이 죽으신 다음에는 그들에게 주님이 최우선 관심의 대상이 되었습니다.
살아계실 때는 늘보 신앙이 죽으신 다음에는 치타 신앙이 되었습니다.
주님을 향하여 달려가지 않으면 견딜 수 없는 간절한 마음을 갖게 되었습니다.
나는 어떤지 돌아봅니다.
주님의 부활을 경험한 나는 주님을 향하여 제자들처럼 달려갈 정도로 간절한 믿음을 가졌는지를.
나는 언제나 늘보 신앙입니다.
더디 믿고 더디 반응하는 나는 늘보 신앙입니다.
주님이 재촉해야 겨우 움직이는 나는 세상에서 가장 느린 늘보 신앙입니다.

나도 제자들처럼 세상에서 가장 빠른 치타의 발을 갖고 싶습니다.
그래서 주님이 부르시면 항상 달려가는 퀵-서비스로 주님을 섬기고 싶습니다.
아니 주님이 부르시고 재촉하시기 전에 미리 감지하여 달려가는 퀵-서비스가 되고 싶습니다.

GP는 주님을 향해 달려갑니다.
머뭇거릴 시간이 없기 때문입니다.
목표가 분명하기 때문에 달려갈 수 있습니다.
SP는 자기 일에만 달려갑니다.
자기 일에만 분주합니다.
그래서 주님이 부르시면 달려갈 힘이 남아 있지 않아 늘보처럼 반응합니다.
기차가 떠난 다음에 손을 흔드는 것이 늘보 신앙입니다.

하나님의 은혜를 입은 GP는 주님이 부르시면 만사 젖혀두고 달려갑니다.
그래서 하나님은 그런 GP에게 항상 은혜를 보내주십니다.

묵상 나눔을 빨리 끝내야 할 것 같습니다.
주님이 부르시는 기도 산으로 빨리 달려가야 합니다.
(사순절 기간 특별 산기도 중입니다)

내 육체는 자꾸 왜 서두르느냐고 발목을 붙잡습니다.

요즘처럼 주님의 신속한 퀵-은혜가 절실하게 필요한 적이 없었습니다. 나를 살리시고, 나를 치료하시고, 나를 부흥케 하실 분은 주님뿐입니다.

위대한 GP는 다 달리는 사람들입니다.
그리고 보니 성경에는 위대한 달리기의 고수가 또 있습니다.
바울 사도입니다.
"나의 달려갈 길과 주 예수께 받은 사명을 마치려 함에 나의 생명조차 조금도 귀한 것으로 여기지 아니하노라."
주님을 향하여 달려가는 GP에게는 주님의 퀵-은혜가 항상 따라다닙니다.

【기도】 주님, 치타보다 더 빠른 순종하는 자가 되게 하소서!
【적용】 만사 젖혀두고 기도 산으로 달려가기!
【PS】 분주한 일이 많습니다. 그러나 진짜로 서두를 일이 있습니다. 주님의 일입니다. 이거 바뀌면 평생 발바닥에 땀이 마를 날이 없습니다. 그러나 주님께 달려가면 주님이 내 일을 신속히 처리하시기에 평생 여유롭게 살 수 있습니다. 당신은 하나님의 위대한 퀵-서비스입니다! GQ

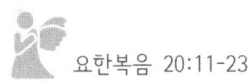 요한복음 20:11-23

마지막 눈물, 마지막 올인!

막달라 마리아는 새벽부터 막무가내로 웁니다.
예수님의 시신이 없어졌기 때문입니다.
부활을 믿지 못하는 상태에서 시신이나마 곁에 두고 장사를 지내며 주님에 대한 그리움을 달래고 싶었던 것이죠.
그런데 그 잠시나마도 주님과 함께할 수 없게 되었습니다.

그러니 주님의 체취가 묻어 있는 무덤 곁을 떠나지 못하고 울고만 있습니다.
참으로 가련하고 안타까운 일입니다.
그러나 마리아의 모습은 마냥 처량하게만 있을 수 없게 만드는 그 무엇이 있습니다.
내 영혼에 큰 울림을 가져오는 그 무엇이 저 밑바닥에서 싸목싸목 피어납니다.

살아계신 주님이 내 안에 안 계심에도 덤덤하게 살아온 날이 얼마나 많았는지 모릅니다.
아니 어떤 때는 내가 주님을 밖으로 내몰고 나 혼자 잘 살겠다고 한 날들이 얼마나 많은지 손가락으로는 헤아리지 못할 정도입니다.

주님이 쫓겨나가 멀리 떠나지도 않으시고 문밖에 서서 계속 두드렸음에도 얼마나 많이 못 들은 척 외면했는지.

무덤가에서 막무가내로 울고 있는 마리아가 이 모든 것들을 기억나게 합니다.
마리아의 눈물이 얼마나 큰 울림을 주는지 심령이 울렁입니다.
묵상 나눔을 써 내려가는 동안 마리아의 눈물은 내 눈물이 됩니다.
무덤가를 촉촉하게 적신 마리아의 눈물은 이제 내 키보드를 적십니다.

마리아는 주님에 대한 그리움의 눈물이지만 내 눈물은 회개의 눈물입니다.
이 모든 것이 인생 막장에서야 깨닫게 되니 더더욱 눈물이 앞을 가립니다.
깨닫고 보니 주님이 문밖에 계신 것이 아니라 내가 문밖에 있었습니다.

오늘은 내 생애 마지막 날입니다.
아니 매일 매일이 나에겐 마지막입니다.
이런 회한과 회개의 눈물도 오늘이 마지막이기를 소원합니다.

그래서 주님이 없이는 잠시도 살 수 없는 날들로 남은 인생을 채우고 싶습니다.

GP는 주님의 부재를 가장 슬퍼합니다.
GP는 돈의 부재보다, 명예의 부재보다, 건강의 부재보다, 주님의 부재를 더 슬퍼합니다.

영원히 함께할 예수님임을 알기 때문입니다.

다른 것은 영원히 함께할 수 없음을 알기 때문입니다.
GP는 잠시에 목숨을 걸지 않고 영원에 올인 합니다.

【기도】 주님, 에녹처럼 주님과 하나 되게 하소서!
【적용】 주님과 내 사이 틈새를 파고드는 세력 물리치기!

MEMO

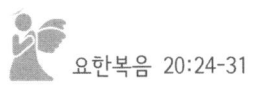 요한복음 20:24-31

나도 쌍둥이입니다!

(CH1=의심, AG=도마)
도마는 다른 제자들이 예수님을 보았다는 말을 믿지 않습니다.

난 이런 확실한 사람이 좋습니다.
믿어지지 않으면서도 그냥 믿는 척하는 사람을 많이 겪었기 때문입니다.
믿는다기에 다들 정말 믿는 줄 알았습니다.
그러나 막상 그 믿음대로 살지 않습니다.
그것은 자신을 속이는 영적 기만입니다.

더 불행한 것은 스스로도 속고 있는 것을 모른다는 사실입니다.
믿고 싶은 그 마음이 곧 믿음은 아닙니다.
이것은 스스로 감정에 속는 것입니다.
사랑의 감정 자체가 사랑은 아닙니다.
그 사랑이 표현될 때 비로소 사랑이 됩니다.
종은 울리기 전까지 종이 아니듯이 사랑도 사랑의 행동을 하기 전까지 사랑이 아닙니다.
기도하고 싶은 마음 자체가 기도가 아닌 것과 같은 이치입니다.
도마는 열한 명의 제자들의 분위기에 휩쓸려 의심을 억누르고 믿는 척하기가 쉽습니다.
자기만 안 믿으면 이상한 놈이 되니까요.
그리고 속으로는 늘 의심에 휩싸여 살아갑니다.
그러나 도마는 못 믿겠다고 당당하고 솔직하게 말합니다.
분위기에 휩쓸린 믿음은 언젠가 빵꾸똥꾸가 되고 맙니다.

이것이 무력한 신앙의 원인이며 한국에 크리스천이 20%가 넘는다고 하면서도 그 열매와 증거가 없는 이유입니다.
하나하나 따져가며 믿음의 초석을 닦아야 하는데 그냥 믿어 버립니다.
믿음의 초석을 닦는 것이 번거롭고 힘들기 때문입니다.
그래서 이단들이 한번 휩쓸고 지나가면 추풍낙엽처럼 우수수 떨어집니다.
신천지 이단에 넘어가는 성도들이 평신도보다 중직자가 더 많습니다.
놀랄 일도 아닙니다. 어쩌면 당연한 일입니다.
그뿐만 아니라 하나님은 이단의 극성을 통해 한국교회에 믿음의 초석을 닦으라는 메시지를 주시고 계십니다.
장로요 권사임에도 기독교의 견고한 초석을 닦지 않았기 때문입니다.

물론 주님 말씀처럼 보지 않고 믿는 사람은 복이 있는 사람입니다.
그러나 열한 명 중의 한 명이라도 보지 않고 믿는 사람이 없었다는 사실을 주목할 필요가 있습니다.
사람은 도마처럼 보고 체감할 때 믿습니다.
그게 사람입니다.
의심 많은 도마라고 비난하지만 도마만 같아도 복입니다.
도마만 같아도 이삼십 년 교회를 다니고 이단에게 넘어가는 불상사는 일어나지 않습니다.

나를 포함하여 한국교회의 문제는 의심하지 않는 것이 가장 큰 병입니다.
그런 도마를 위해 주님은 확실한 사람으로 만들어주십니다.
도마가 의심한다고 주님은 뭐라고 하지 않으십니다.
모든 제자들 역시 의심하면서도 떳떳하게 믿지 못하겠다고 말하지 않는 것을 주님은 아시기 때문입니다.

주님은 의심을 해결해 주시는 자상하고 확실한 하나님입니다.
자꾸 따지는 사람이 결국 큰 믿음을 갖게 되어 있습니다.
의심은 믿음의 방해물이 아니라 꼭 건너야 할 외다리입니다.
돌다리도 두드려 가면서 하나하나 믿음의 발을 떼는 사람이 결국 깊은 불신의 강을 무사히 건너갑니다.
기독교는 탄탄한 이성의 훈련을 필요로 합니다.
의심은 그 이성을 일깨우는 첫발입니다.

순전한 기독교와의 만남을 위해서는 이성이라는 중매쟁이가 필요합니다.
물론 이성만이 전부는 아닙니다. 그러나 이성은 확실한 믿음의 중매쟁이입니다.

GP는 체감하는 신앙으로 무장합니다.
GP는 분위기에 휩쓸려 믿는 척하지 않습니다.
그것은 금방 드러납니다.
그리고 다 속여도 자신은 속이지 못하니까요.

목사는 따지지 않고 쉽게 믿는 성도를 좋아합니다.
피곤하지 않으니까요.

그리고 목사의 한계가 잘 드러나지 않으니까요.
하나님은 목사를 공부시키는 천사를 보내주십니다.
따지는 성도, 의심하면서 확실히 믿고 싶어 하는 성도는 하나님이 목사를 위해 보낸 천사입니다.
그렇지 않으면 교회는 마귀가 좋아하는 바보들의 천국이 될 테니까요.

그러나 목사만 좋아하는 것이 아닙니다.
마귀도 그런 성도를 엄청 좋아합니다.
마귀는 믿는 성도가 많아지고 교회가 많아지는 것을 두려워하지 않습니다.
왜냐하면 대충 믿는 척하는 성도가 수천만 명이 된다고 해도 하나님의 역사를 일으키지 못하기 때문입니다.
마귀는 확실한 믿음의 초석 위에서 살아가는 성도를 가장 무서워합니다.

대충 믿고, 어설프게 믿고, 분위기에 휩쓸려 믿는 사람은 마귀의 쌍둥이입니다.
나는 도마의 쌍둥이가 되고 싶습니다.
도마의 별명이 디두모인데 그 뜻이 '쌍둥이'라고 합니다.

번거롭더라도 하나하나 따져가며 굳건한 믿음을 갖는 주님의 사랑받는 GP가 되고 싶습니다.

【기도】 주님, 말씀대로 살아 말씀을 체감하여 큰 믿음의 주인공 되게 하소서!
【적용】 꼼꼼히 따지기!

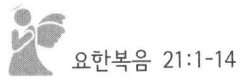
요한복음 21:1-14

님은 먼 곳에!

(CH1-알아보다, AG-그 제자)
참 궁금합니다. 예수님이 사랑하시는 그 제자가 누구인지?
예수님이 사랑하지 않는 제자가 없었을 텐데 유독 그 제자를 강조하며 주목하실까?
'예수의 사랑하시는 그 제자가'

왜 그 제자를 강조하는지 알 것 같습니다.
그 제자가 주님을 알아보았기 때문입니다.
다들 해변에 계신 주님을 알아보지 못하는데 그 제자는 알아봅니다.

사랑하면 알아보게 됩니다. 사랑하면 눈이 떠지기 때문입니다.
사랑하면 그 사랑하는 사람을 보는 시력이 망원경이 됩니다.

입학식 날 사랑하는 자기 자녀가 수백 명 속에 섞여 있어도 엄마는 금방 알아봅니다.
사랑하기 때문입니다.
그 제자가 주님을 알아볼 수 있었던 것은 주님을 앙망하고 있었기 때문입니다.

그의 머릿속은 주님 생각으로 가득 찼습니다.

앙망하는 사람이 주님을 만납니다.
주님이 멀리 계신 것도 아닌데 주님이 멀게 느껴지는 이유는 앙망하지 않기 때문입니다.
물고기만 앙망하면 주님을 알아보지 못합니다.
주님을 보는 시야가 물고기에 가리기 때문입니다.

GP는 주님을 앙망합니다.
그렇다고 물고기를 거부하는 것은 아닙니다.
주님을 앙망하면 물고기는 보너스로 주어짐을 알기 때문입니다.
GP는 늘 주님의 임재 속에서 살아갑니다.
그러니 언제든지 주님이 살갑게 맞아줍니다.

사랑하는 님이 아무리 먼 곳에 있어도 알아보는 그 사람이 바로 그 님의 것입니다.

오늘도 그 주님의 임재 안으로 들어가기 위해 산으로 들어갑니다.

【기도】 주님, 날씨가 방해하지 않게 하소서!
【적용】 기도 산 오르기!
【PS】 시야가 흐려지는 일이 있습니다. 잠시 바라보는 것에서 눈을 감아 보세요. 주님이 보입니다. 당신은 하나님의 위대한 신부입니다! GB

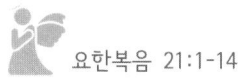 요한복음 21:1-14

주님의 터프가이-베드로!

(CH1-고기 잡다 / AG-베드로)
베드로와 다른 제자들은 갈릴리로 돌아왔습니다.
그곳이 고향이기 때문입니다.
고향은 안식처이기도 합니다.
다시 시작하기 위해 충전할 수 있는 곳도 고향입니다.
무엇보다도 갈릴리에서 만나자는 주님의 약속이 있었습니다.

베드로와 제자들은 부활하신 주님이 갈릴리에 나타나시기만을 기다리고 있습니다.
주님을 만나기 전에는 딱히 무엇을 할 수도 없습니다.
살다 보면 아무것도 못 하고 기다리고 있어야 하는 때가 있습니다.
이런 시간은 불필요한 시간이 아니라 충전하는 시간입니다.
바쁘고 정신없이 살아온 날들을 되돌아보면서 정리하는 시간이기도 합니다.
감당하기 힘든 큰일을 겪은 제자들에게는 잠시 고향에서의 체류가 절실했습니다.

그러던 중에 베드로는 홀로 물고기를 잡으러 간다고 나섭니다.

밤에 물고기는 뭍 가로 이동하기 때문에 낮보다 한결 잡기가 수월하지만 혼자 그물을 던지면서 물고기를 잡는 일은 쉬운 일이 아닙니다.

이 지역 사람들에게 물고기는 중요한 양식입니다.
제자들은 주님을 기다리면서 마냥 손가락만 빨고 있을 수는 없습니다.
고향이라 아는 사람들이 많아 충분히 신세를 질 수도 있습니다.
그러나 손발이 시퍼렇게 살아있는 장정들이 할 짓은 아닙니다.
최소한 자기들 입은 자기들이 풀칠해야 남자입니다.

베드로는 옛날에 주님을 따른 이후 3년간 그물을 잡지 않았습니다.
그물질이 낯설고, 그물질로 인해 생긴 굳은살도 연한 살로 바뀌었습니다.
그러나 할 수 있는 일이라곤 고기 잡는 일밖에 없기에 베드로는 바다로 나갑니다.

사도입네 뻗대며 공궤를 받을 수도 있었을 텐데 그 고된 그물질을 하려고 손수 나섭니다.
그런 베드로의 책임 있는 자세는 다른 제자들을 분발하게 하였습니다.
손수 앞장설 때 누군가가 따르기 마련입니다.
자기는 뒷전으로 물러앉아서 남들에게 고된 일을 시키기만 한다면 다른 사람을 이끌 자격이 없을 뿐만 아니라 이끌 수도 없습니다.

자신의 입을 스스로 책임지려고 나서는 베드로의 자세가 좋습니다.
그런 베드로를 보고 있자니 왠지 든든한 마음이 생깁니다.

GP는 앞장서는 사람입니다.

뒤로 물러앉아 약삭빠르게 살지 않습니다.
SP는 희생이 필요할 때는 어딘가에 꼭꼭 숨어 있다가 공과를 나눌 때는 어느새 맨 앞줄에 서 있습니다.
그러나 GP는 희생을 짊어지고 앞장섭니다.

그런 면에서 베드로는 주님이 예뻐할 만한 구석이 있는 제자입니다.
베드로는 주님을 쏙 빼닮았습니다. 희생하는 그 모습이.

베드로는 잘 정제되지는 않아서 터프가이처럼 보이지만 기대고 싶을 만큼 든든해 보입니다.

【기도】 주님, 남에게 짐이 되는 인생이 아니라 선물이 되는 인생 되게 하소서!
【적용】 솔선수범하기!

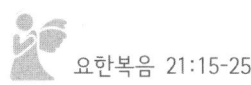 요한복음 21:15-25

삼세번의 비밀!

주님은 베드로에게 똑같은 질문을 세 번씩이나 묻습니다.
똑같은 질문을 세 번씩이나 하시는 주님도 피곤하지만 그 똑같은 질문에 똑같은 답을 세 번이나 해야 하는 베드로도 피곤하기는 마찬가지입니다.

그러나 피곤하고 따분하게 만드는 질문이더라도 반복하는 것은 중요하기 때문입니다.
중요한 일은 확인하고 또 확인하고 계속 확인해도 부족한 법입니다.

삼세 번이란 말이 있습니다.
아주 중요할 땐 이렇게 세 번을 묻습니다.
삼백 번 물어도 부족하지만 삼세 번으로 줄이는 것입니다.

중요한 것은 예수님의 기대입니다.
모든 사람들보다 더 주님을 사랑해야 한다는 주님의 기대입니다.

왜냐하면 아주 중요한 일을 맡길 것이니까요.
그 일은 주님을 특심으로 사랑하지 않으면 할 수 없는 일이기 때문입니다.

베드로는 주님을 특심으로 사랑합니다.
주님이란 말을 듣고 바다에 뛰어 들어갈 정도로 주님을 사랑합니다.

그러나 질문이 반복될수록 주님의 기대에 미치지 못하는 자신을 직면합니다.
그래서 질문이 계속되자 근심과 슬픔이 저 가슴 밑바닥에서 스멀스멀 일어섭니다.

주님의 기대치에 이르지 못한 자신의 부족함을 알기 때문입니다.
주님을 위해 죽는 것도 불사하겠다고 호언장담하던 과거가 생각나기 때문입니다.
주님을 사랑하기 위해 죽음도 마다하지 않는 일은 베드로의 힘으로 불가능합니다.

사랑의 실천은 사랑의 고백을 항상 능가하지 못하는 법입니다.
그것을 능가하게 하는 일은 성령님이 함께할 때 가능합니다.
지금이야 누구보다도 주님을 사랑한다고 말할 수 있지만 그 사랑을 증명할 때는 달라지는 것이 사람입니다.

세 번이나 묻는 질문은 베드로에 대한 주님의 기대가 그만큼 크다는 것입니다.
"자기야 나 사랑하지?"
이렇게 수백 번 묻는 이유는 사랑에 대한 기대 때문입니다.
대답이야 항상 화끈합니다.
"그럼 사랑하지!"

그러나 항상 그 기대에 미치지 못하면서 사는 자신을 발견합니다.

주님은 아십니다.
주님의 기대치에 미치지 못하는 나의 연약함을.
그러함에도 주님의 기대는 계속 나에게 쏟아집니다.
그 기대가 큰 힘이 되고 격려가 됩니다.
그리고 언젠가는 그 기대치를 훌쩍 넘는 날이 올 것입니다.
물론 내 힘이 아니라 성령님의 능력으로 말입니다.

GP는 주님의 기대치를 만족하게 하는 것을 인생의 목적으로 삼습니다.
세 번, 네 번, 아니 백 번이라도 주님의 기대치를 향해 달려갑니다.
하나님은 이런 GP에게 기대치를 뛰어넘을 능력을 주십니다.

"네가 다른 사람들보다 나를 더 사랑하느냐?"
지금까지 살아온 삶을 보면 과연 내가 그럴 수 있을까 하는 근심이 앞서지만 이 질문을 받는 오늘 아침은 유난히 큰 주님의 격려를 받습니다.

"그래 아들아, 너는 누구보다 더 나를 사랑할 수 있단다!"
한 번, 두 번, 세 번, 아니 영원한 주님의 기대는 나의 큰 힘입니다.

【기도】 주님, 주님의 기대를 항상 가슴에 품게 하소서!
【적용】 하나님의 기쁨을 내 기쁨으로 여기기!

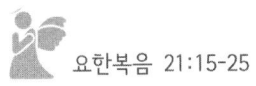 요한복음 21:15-25

디자인된 죽음!

주님은 베드로의 사랑을 확인하신 다음 그가 어떻게 죽을 것인가에 대해 말씀하십니다.
그리고 주님을 따르라고 하십니다.

아주 냉혹한 주님 같습니다.
사랑하는 베드로가 죽음으로 하나님께 영광을 돌린다고 하시니 말입니다.
부귀영화를 약속하신 후 따르라고 해도 시원치 않은 판에 죽음을 예고하시고 따르라니 말입니다.
주님도 주님이지만 그런 주님의 따르라는 명령에 순종하는 베드로도 보통 사람은 아닙니다.
어떻게 그럴 수 있을까?

부활하신 주님이나 부활의 증인 된 베드로에게 있어서 죽음은 지금 내가 받아들이고 있는 죽음과는 달라도 너무 다릅니다.
죽음을 이긴 예수님이나 장차 죽음을 이길 것이 약속된 베드로에게 죽음은 더 이상 두려움의 대상이 아닙니다.
사람이 가장 두려워하는 것의 최상층부를 차지하는 것은 죽음입니다.
그러나 베드로에게는 죽음이 아니라 하나님의 영광이 인생의 최고 목적입니다.
죽느냐 사느냐 문제가 아니라 하나님께 영광을 돌릴 수 있느냐 없느냐의 문제입니다.

베드로는 비참하게 죽을 것이 예고되었습니다.
개 끌려가듯이 끌려가 죽을 것입니다.
자기 의지와는 상관없이 묶인 채 끌려가 죽을 것입니다.
예수님처럼 강한 자들에게 결박당한 채 끌려가서 죽게 될 것입니다.
늙어서 저항도 못할 것입니다. 군사들을 대항할 힘도 없어질 테니까요.
그러나 이런 죽음이 예고된 가운데서도 주님을 따르는 것을 보면 베드로는 자유의지로 그 죽음의 길을 갑니다.

부활을 목격한 베드로는 이미 죽음을 초월한 사람이 되었습니다.
이것이 진정한 부활신앙이 아닌가 합니다.
부활을 믿는다고 하면서도 더 살기 위해 비굴하게 사는 것은 부활신앙이 아닙니다.
부활신앙은 죽음을 초월하게 하는 힘입니다.
이것이 베드로가 훗날 투옥되어 다음 날 사형당할 위기 가운데서도 깊이 잠들 수 있었던 이유입니다. (행전 12장)
다음 날 야고보처럼 사형당할 것이 뻔한데 천사가 옆구리를 걷어차서 깨울 정도로 깊이 잠들어 있었으니 말입니다.
사형당할 사람들은 낙엽소리만 들려도 오금이 저리다고 합니다.

베드로에게 죽음은 더 이상 죽음이 아닙니다.
죽음은 하나님께 영광을 돌릴 수 있는 하이라이트입니다.

베드로에게 죽음은 인생 축제, 마지막에 작열하는 캠프파이어의 불꽃입니다.

하나님의 영광을 위해 죽음을 멋지게 디자인할 수 있는 힘이 부활신앙입니다.
일회성 행사로 그치는 부활절은 애꿎은 달걀만 삶아 죽이는 냄새나는 부활절일 뿐입니다.
부활절은 내가 죽었다가 살아나는 영적 체험의 기회입니다.
그런 GP에게 죽음은 더 이상 죽음이 아닙니다.
GP는 죽음으로 인생 축제의 하이라이트를 밝힙니다.

살아있는 생명은 사람이나 동물이나 식물 모두 늙으면 다 죽습니다.
오래 산다고 뛰어난 것은 아닙니다.
사람이 아무리 오래 살아도 거북이보다는 오래 살지 못합니다.
오백 년 넘게 사는 나무도 많습니다.
단지 오래 사는 것으로 뛰어남을 증명할 수 없습니다.
중요한 관심은 오래 살든 짧게 살든 그 죽음이 하나님 영광을 위한 것이냐는 것입니다.

부활절이 가까워질수록 고민이 깊어집니다.
나는 과연 어떤 죽음으로 하나님께 영광을 돌릴 수 있을까?

【기도】 주님, 죽음을 뛰어넘는 부활신앙을 체험하게 하소서!
【적용】 죽음과 맞서기!

CHAPTER 4

묵상글 모음

히브리서

 히 1:6-14

스탠바이 수호천사

모든 천사들은 부리는 영으로서 구원 얻을 후사들을 위하여 섬기라고 보내심이 아니뇨   [히 1:14]

하나님은 예수님을 믿는 사람들을 위해 천사를 보내셨습니다.

천사의 섬김을 받는 것은 모든 성도의 특권입니다.

'여호와의 천사가 주를 경외하는 자를 둘러 진치고 그들을 건지시는도다' (시 34:7)

실제로 천사가 나타나면 잘 믿겨지지 않습니다.
헛것을 본 것 같기도 하고, 그냥 사람이겠지 하는 생각이 들기도 합니다.
물론 천사는 영이지만 사람의 모습으로 나타나기도 합니다.
두려워하는 여호수아에게는 강한 군대장관으로 나타나기도 합니다.
아브라함에게도 모세에게도 엘리사에게도 다니엘의 세 친구들에게도 주님은 사랑하는 자들에게 섬기는 천사를 보내주십니다.

아직도 생생합니다.

마지막 7차 피정으로 설악산 대청봉을 오르던 가파른 돌 언덕에서 만난 천사의 모습과 나에게 해준 말들이 지금도 귓전을 맴돕니다.
그 이후에도 사람의 모습으로 나타났다 사라지는 천사들을 만났습니다.
꼭 필요할 때마다 천사가 나타나 큰 위로와 용기를 주곤 했습니다.

21세기 우주에 로켓을 쏘아 올리는 시대에 천사를 말하면 미개인 취급받습니다.
심하면 몽유병 환자 취급받기도 합니다.
그러나 그런 비난을 두려워하지 않습니다.
하나님이 섬기는 천사를 보내시기 때문입니다.

내가 할 일은 적극 천사를 부리는 일입니다.
상전이 주저하지 않고 종을 부리듯이 적극적으로 천사의 섬김을 요구하려고 합니다.
그 어떤 어려움에도 나를 지키는 천사를 호령하려고 합니다.

천군천사가 보이지 않으면 사시나무 떨듯이 떨 수밖에 없습니다.
그러나 천군천사가 보이면 떨 필요가 없습니다.
믿음의 눈을 열면 나를 섬기기 위해 모든 준비를 마친 천사가 보입니다.

천사를 부리는 것은 주님이 주시는 특권입니다.

오늘 주적주적 장맛비가 오는 산길을 오를 때 천사를 호출하렵니다.
통증을 사라지게 하고 산을 오를 수 있는 기력을 가지고 오라고 호출하렵니다.

나의 형편에 맞춘 수호천사를 보내주신 하나님의 뜻을 따라 천사를 실컷 부려 먹어야겠습니다.

GP는 천사의 섬김을 받는 사람입니다.
주님은 광야에서 시험당할 때 천사의 섬김을 받으셨습니다.

'이에 마귀는 예수를 떠나고 천사들이 나아와서 수종드니라' (마4:11)

광야 같은 인생에서 천사의 섬김은 큰 힘이 됩니다.
천사를 모르거나 믿지 않으면 부릴 수 없습니다.
그러나 천사의 존재를 믿고 적극적으로 호출하면 언제, 어디서든지 천사의 섬김을 받습니다.

【기도】 주님, 눈을 열어 돕는 천사를 보고 적극적으로 부리게 하소서!
【적용】 수시로 천사 호출하기!

 히 2:1-10

클릭, 클릭 또 클릭 그리고…

그러므로 모든 들을 것을 우리가 더욱 간절히 삼갈찌니 혹 흘러 떠내려갈까 염려하노라

[히 2:1]

주님이 전해준 구원의 말씀을 흘려듣지 말 것을 경고합니다.

구원의 말씀을 가슴에 새기고 머리에 새겨서 내 삶의 지표로 삼아야 합니다.
구원을 소홀히 여기면 그에 대한 책임을 피할 수 없습니다.
흘려듣는 것과 경청은 엄청나게 다른 결과를 초래하는 분기점입니다.

구원의 말씀이 난무하는 시대입니다.
성경을 가까이할 수 없었던 시절에 비하면 요즘은 구원의 말씀이 차고 넘치는 시대입니다.
너무 많으니 귀한 줄을 모릅니다.
여기저기 교회가 있으니 교회에 대한 경외감도 사라졌습니다.
당연히 목회자에 대한 태도도 옛날과는 사뭇 다릅니다.

넘치는 게 문제가 됩니다.

넘치는 것이 화를 부릅니다.
가난보다 부요함이 사람을 더 망치게 합니다.

심령이 배부르니 구원의 말씀이 가슴을 후벼 파듯이 다가오지 않습니다.
구원의 말씀이 기름진 심령 위로 미끄러져 흘러갑니다. 아깝습니다.
참기름 한 방울 낭비하지 않으려고 손가락으로 병목을 훔쳐서 빨아 드시는 어머니 심정처럼 말씀이 흘러 낭비되니 안타까울 뿐입니다.

장마가 시작되었습니다.
장마 때는 물이 차고 넘치지만 정작 마실 수 있는 물은 줄어듭니다.

말씀의 홍수시대는 어느 때보다 위험한 시대입니다.
한 절 말씀도 간절함으로 경청하면 내 영혼을 촉촉하게 젖히는 생수가 되지만 그 숱하게 떠도는 말씀들을 한 번의 클릭으로 외면한다면 영혼은 기갈로 죽어갑니다.
구원의 시비가 손가락 한 번으로 갈린다면 나를 지옥으로 이끄는 최고 공로자는 손가락입니다.
손가락 함부로 놀릴 일이 아닙니다.

기가 막힌 설교가 없어서 영혼이 피폐해지는 것이 아니라
말씀을 흘려듣기에 영혼은 아사 직전입니다.

요즘처럼 말씀이 잘 들리는 때가 없습니다.
심령이 가난하니 어떤 말씀도 잘 들립니다.
생선 뼈 구석구석을 발라 드시는 어머니처럼 말씀 구석구석을 발라 먹습

니다.
그 맛이 기가 막히니 대충 먹고 버릴 수가 없습니다.
다 발라 먹은 것 같아 한쪽으로 치워 놨다가도 다시 집어 또 발라 먹습니다.
희한한 것은 말씀은 아무리 발라 먹어도 다시 집어 들면 또 발라 먹을 것이 나옵니다.

영혼이 교만으로 배부르면 하루에 수천 번 클릭해도 부족합니다.
그 클릭은 결국 화를 부르고 말 것입니다.
클릭 횟수는 내 영혼의 '교만지수'입니다.

【주님】말씀을 흘려듣지 않도록 겸손의 영을 주소서!
【적용】말씀 즐기기!

 히 2:11-18

나 떨고 있니?

자녀들은 혈육에 함께 속하였으매 그도 또한 한 모양으로 혈육에 함께 속하심은 사망으로 말미암아 사망의 세력을 잡은 자 곧 마귀를 없이 하시며 　[히 2:14]

주님이 인간의 몸을 입으시고 죽으시므로 죽음의 공포로 한평생 종노릇 하는 나를 해방시켜 주셨습니다.
주님은 죽음의 권능을 가진 마귀를 직접 당신의 죽음으로 멸하셨습니다.
죽음의 공포에 갇혀 주님이 원하시는 인생답게 살지 못하는 비굴한 나를 해방시켜 주셨습니다.

그동안 벌벌 떨면서 살아야만 했습니다.
죽음의 언저리만 가도 지레 겁을 먹고 도망가곤 했습니다.
살기 위해서는 무엇이든 했습니다.
죽지 않는 것이 지상 최대의 목표였습니다.
병이라도 들면 그 병에서 헤어나기 위해 인생을 올인하곤 했습니다.
병이 걸리면 "죽기밖에 더 하겠어!"라고 하지 못하고 병 앞에 난 무릎을 딱 꿇고 살 길을 찾아 이 병원 저 병원 찾아 헤매야만 했습니다.

12년 동안 혈루증으로 고생하던 여인이 가진 재산을 탕진할 때까지 의사들을 찾아다닌 것처럼 인생과 모든 에너지를 낭비하곤 했습니다.
이젠 그렇게 살지 않으렵니다.

막상 암에 걸리고 보니 그렇게 무서운 것이 아니라는 것을 알았습니다.
밤새 고통에 시달리기도 하지만 견디지 못할 만큼은 아닙니다.
그래서 이제는 죽음 앞에서 엄살떨지 않기로 했습니다.
두려움은 실상을 과대하게 증폭시키는 증폭기입니다.
비닐하우스를 지날 때 빗소리가 더 크게 들리듯이 두려움의 막이 내 영혼을 덮으니 대수롭지 않은 것 앞에서도 벌벌 떠는 일이 일어납니다.

죽음이 두려워 아무것도 못하고 갇힌다면 죽음의 공포에서 해방시켜 주신 주님의 죽음이 무위로 돌아갑니다.
그리고 벌벌 떠는 나를 보면서 비웃을 마귀를 더 이상 그냥 보고만 있을 수 없습니다.

오늘은 주님이 이렇게 격려하십니다.
"아들아, 죽기밖에 더 하겠니, 죽음 그 이후는 내가 책임지마. 두려워 말고 허락한 삶의 분량을 힘차게 살거라!"

드라마 '모래시계'에서 사형장으로 끌려간 최민수가 검사 친구에게 말한 대사가 생각납니다.
"나 떨고 있니?"

죽음에 대한 공포가 삶을 통제하는 컨트롤 타워입니다.
그 컨트롤 타워를 작동시키는 운전기사는 마귀입니다.

그러나 주님은 그 컨트롤 타워를 폭파시키시고 나를 해방시켜 주셨습니다. 이제 나는 죽음에 의해 조정당하지 않고 주님의 자유케 하시는 진리를 따라 삽니다.

【기도】주님, 그 어떤 고통 앞에서도 해방된 기쁨을 빼앗기지 않게 하소서!
【적용】사망을 꾸짖기!

 히 3:7-19

시련-외로움-우울증 그리고?

오직 오늘이라 일컫는 동안에 매일 피차 권면하여 너희 중에 누구든지 죄의 유혹으로 강퍅케 됨을 면하라
[히 3:13]

주님은 서로 격려하여 죄의 유혹으로 마음이 완악해지는 일이 없도록 하라고 말씀하십니다.

나 하나 제대로 사는 것도 힘든데 주님은 다른 사람들을 도우라고 말씀하십니다.
죄의 유혹은 홀로 된 사람들을 공격합니다.
외로운 상태가 영적으로 가장 위험한 때입니다.
사탄은 외로운 사람들을 찾아 나섭니다.
가장 쉽게 죄의 유혹에 넘어가기 때문입니다.

힘든 일을 당하면 고립된 것 같은 외로움에 빠집니다.
그리고 사탄은 이 외로움을 놓치지 않고 공격합니다.
외로움에 빠지면 사탄의 영적 공격에 대항하는 방어능력이 뚝 떨어집니다.

이럴 때 함께할 수 있는 사람이 있다면 큰 힘이 됩니다.

그런 면에서 나는 행복합니다.
나를 그림자처럼 뒤따라 다니는 누님이 계십니다.

내가 아픈 이후로 누님은 하루가 멀다 하고 찾아옵니다.
어떤 때는 지나치다 싶을 정도로 찾아옵니다.
올 때는 빈손으로 오지 않고 몸에 좋다는 것은 다 가지고 옵니다.
그것도 먼 서울에서. 자가용 기름값도 만만치 않을 것입니다.
나 하나 때문에 너무 고생시키는 것 같아 오지 말라고 해도 막무가내입니다.
그 힘든 산을 땀을 뻘뻘 흘리며 같이 따라 오릅니다.
누님은 기도하시는 권사님이라 영적으로 큰 힘이 됩니다.

힘든 일을 당하면 자꾸 혼자 있고 싶어집니다.
이것이 마귀가 주는 마음이라는 것을 깨달았습니다.
혼자되게 한 다음 죄의 유혹으로 올가미를 씌우려고 하는 것이 마귀의 전략입니다.

힘들수록 사람들을 곁에 두어야 합니다.
힘든 시기는 친구가 가장 필요한 시간입니다.

도움을 거절하는 것만이 신사가 아님을 알았습니다.
주님은 돕는 자를 보내십니다.
때로는 누님이 또는 친구가 아니면 다른 누군가가 나타납니다.
그런 사람들은 주님이 보낸 천사입니다.

'홀로 있어 넘어지고 붙들어 일으킬 자가 없는 자에게는 화가 있으리라 한 사람이면 패하겠거니와 두 사람이면 맞설 수 있나니 세 겹 줄은 쉽게 끊어지지 아니하느니라' (전4:10-12)

힘들 때는 적극적으로 친구를 만나야 합니다.
힘들수록 혼자 있고 싶은 마음을 버려야 합니다.
혼자 있을 때 아주 위험하고 극단적인 생각에 빠지기 쉽습니다.

시련-외로움-우울증 그리고?
그 다음은 어떤 일이 벌어지는지 최근 잇달아 일어나는 자살 사건을 통해 알 수 있습니다.
이것이 마귀가 사람들을 지옥으로 끌고 가는 시스템입니다.

그러나 주님은 돕는 자를 보내어 외로움에서 건져주십니다.
힘들 때는 돕는 사람을 마냥 기다릴 필요가 없습니다.
오히려 적극적으로 친구를 찾아 나서야 합니다.
힘들 때 사랑하는 사람으로부터 받는 격려 한 마디는 천금보다 귀합니다.
그 격려는 생명과도 같습니다.
그 격려는 죄의 나락으로 떨어지는 것을 막아줍니다.

주님, 오늘은 누구를 예비하셨습니까? 속히 돕는 천사를 보내소서!
그리고 나보다 더 힘들어하는 누군가의 도움이 되게 하소서!

【적용】 힘든 사람을 돕기!

히 7:23-28

살아있는 송장

예수는 영원히 계시므로 그 제사 직분도 갈리지 아니하나니 그러므로 자기를 힘입어 하나님께 나아가는 자들을 온전히 구원하실 수 있으니 이는 그가 항상 살아서 저희를 위하여 간구하심이니라
[히 7:24-25]

주님은 항상 살아계십니다.
주님이 항상 살아계시는 목적은 항상 나를 도와주시기 위해서입니다.

부모는 자식을 항상 도와주고 싶어 합니다.
그러나 항상 살아계실 수가 없습니다.
언젠가 고아처럼 나를 버려두고 떠납니다.

그러나 주님은 항상 살아계십니다.
주님은 내가 힘들어하는 문제 중에서 돕지 못할 문제가 없습니다.
주님은 뭐든지 다 나를 도우실 수 있습니다.

그런데 나는 뭐든지 주님의 도우심을 구하기보다는 내가 다 알아서 하려고 합니다.
그러다 보니 쉽게 지치고 탈진해 버립니다.

나 자신을 힘입어 살아온 지난날들을 돌아보니 쓸데없이 인생을 소모하고 살아온 것이 너무 억울합니다.
나를 힘입어 살아오다 보니 결국 나만 죽을 고생했습니다.
그때는 허구한 날 "죽겠다"는 말을 입에 달고 살아야 했습니다.

홍수처럼 밀려오는 인생의 문제들을 내 힘으로 막아 내려다가 오히려 그 문제에 깔려 신음한 채 송장처럼 산 날이 더 많았습니다.
내 힘만 의지하면서 문제들과 싸우다 보니 매번 죽을 고생만 했습니다.

인생의 문제들 앞에서 나의 힘은 역부족이라는 것을 이제야 알게 되었습니다.

이제 남은 인생은 딱 주님 등에 올라타 살고 싶습니다.
내 힘으로 살지 않으렵니다.
내 힘으로 살아가는 것만큼 어리석은 것도 없습니다.
어린아이처럼 항상 주님을 힘입어 사는 것이 가장 지혜로운 삶입니다.

주님은 어린아이 같은 '전적 의존'을 기뻐하십니다.

오늘도 내 힘이 아니라 주님을 힘입어 살고 싶습니다.
이제는 그럴 힘도 남아 있지 않습니다.

주님은 내 힘이 다 빠지기를 기다리셨습니다.
아니 주님이 내 힘을 다 빼셨습니다. 이제는 송장에 불과합니다.
눈만 멀뚱멀뚱 떠 있는 송장입니다.

나는 더 일찍 죽었어야만 했습니다.
너무 늦게 죽은 감이 있지만 이제라도 죽을 수 있게 된 것이 다행입니다.
평생 주님의 힘으로 살아가는 경이로운 은혜를 경험하지 못할 뻔했습니다.

내가 살아있는 한 항상 살아계신 주님을 힘입어 살 수 없습니다.
힘 있는 동안은 자기 힘을 의지하는 것이 인간입니다.

내가 송장이 되는 것이 항상 힘 있게 사는 비결입니다.

【기도】 주님, 내 힘을 의지하지 않게 하소서!
【적용】 주께 도움을 구하기!

 히 8:1-14

Made in Heaven!

이제 하는 말의 중요한 것은 이러한 대제사장이 우리에게 있는 것이라 그가 하늘에서 위엄의 보좌 우편에 앉으셨으니 [히 8:1]

예수님은 하늘에서 위엄의 보좌 우편에 앉아 계십니다.
그리고 이 땅에 있는 것들은 하늘의 모형에 지나지 않습니다.

나는 땅에서 살고 있습니다.
예수님은 천국 복음을 전해주시기 위해 잠시 이 땅에 오셨습니다.
그리고 다시 하늘로 올라가셨습니다.

예수님의 주된 관심은 하늘입니다.
땅밖에 모르고 살던 나를 찾아와 하늘을 보게 하셨습니다.

땅은 제한된 삶입니다. 반면에 하늘은 무궁한 삶입니다.
진짜는 하늘에 있고, 땅에 있는 것들은 하늘에 있는 것의 모형에 지나지 않습니다.
땅이 장난감 자동차라면, 하늘은 진짜입니다.
장난감과 진짜의 차이란?

예수님은 하늘에서 무궁한 세상을 준비하시고 내가 어서 오기만을 기다립니다.
그런데 나는 땅이 전부인 것처럼 살고 있습니다.
주님을 믿고 살면서도 이 땅의 것들 때문에 울고 웃으며 살아갑니다.
덜 가진 것, 좀 아픈 것, 덜 배운 것, 외형이 좀 잘나지 못한 것 등등이 나의 행복과 불행을 가르는 희비의 곡선입니다.
하늘을 소유한 예수님의 자녀답지 못한 궁색한 마음으로 살아가는 자신을 봅니다.

나는 누가 뭐래도 엄연히 'Made in Heaven'인데 말입니다.
이 땅에서의 삶이 아무리 힘들고 궁색해도 나는 곧 진짜가 있는 하늘로 갑니다.
이 땅에서 궁색하게 살 필요가 없는 '나'입니다.

오늘은 주님이 하늘에서 굽어살피시며 이렇게 말씀하시는 것 같습니다.
"쯧쯧, 왜 저렇게 궁상을 떨고 사는 거야!"
주님이 무척 속상해하시는 모습이 눈에 아른거립니다.

오늘은 고개를 들고 하늘을 쳐다보며 살고 싶습니다.
내가 얼마나 부요한지, 내가 얼마나 행복한지는 진짜가 있는 하늘을 볼 때 확신할 수 있습니다.
비록 병들어 궁색한 처지에 있어도 이 약속은 변함이 없습니다.
"I'm made in Heaven!"

진짜가 있는 그곳에 빨리 갔으면 좋겠습니다.

아플 때만 이런 생각이 드니 철들려면 아직 멀었나 봅니다.

하늘에 계신 주님의 응원에 힘입어 짓누르는 무거운 바위 같은 암에 굴복하지 않고 부요하게 살아야겠습니다.

이 땅에 뿌리박고 살고자 하면 두려움에 겁박당하며 살 수밖에 없습니다. 그러나 하늘에 소망을 두면 두려움은 안개처럼 사라집니다.

오늘은 고통의 두려움에 당당히 맞서는 하늘 용사답게 살고자 합니다.

【주님】 고통과 맞설 수 있는 하늘 용기를 주소서!
【적용】 하늘로부터 오는 기쁨 지키기!

히 9:11-22

풍성한 죽음

그리스도께서 장래 좋은 일의 대제사장으로 오사 손으로 짓지 아니한 곧 이 창조에 속하지 아니한 더 크고 온전한 장막으로 말미암아 염소와 송아지의 피로 아니하고 오직 자기 피로 영원한 속죄를 이루사 단번에 성소에 들어가셨느니라

[히 9:11-12]

이 제사들은 해마다 죄를 생각나게 합니다.

예배가 견디기 힘든 고문입니다.
예배 때마다 죄가 생각나기 때문입니다.
회개한 죄임에도 가슴속에는 여전히 죄책이 맴돕니다.
기도할 때마다 회개한 죄를 떠올려 또 회개합니다.

주님은 내 죄를 용서하셨을 뿐만 아니라 기억도 하지 못하시는데 나는 죽어라고 잊지 않습니다.

동물로 드리는 제사는 죄를 생각나게 합니다.
그러나 영원한 그리고 흠 없는 제물 되신 주님을 통해 죄 용서를 받았음에도 마음 한구석에는 죄를 모아둔 휴지통이 있습니다.

주님도 기억하지 못하는 죄를 때마다 그 죄를 떠올리는 이유는 주님의 은혜를 의지하는 것보다는 나의 행위를 더 의지하기 때문입니다.

죄를 용서받는 일에 내가 무언가를 해야 된다고 생각합니다.
만약 죄에 대해 상응하는 대가를 내가 치렀다면 죄를 다시 떠올리지 않을 것입니다.

나 대신 주님이 죄의 대가를 치러주셨다는 사실을 믿는 것이 경건의 출발입니다.
경건은 은혜의 토대 위에 세워지는 거룩입니다.
정죄의 토대 위에 세워지는 거룩은 모래 위에 짓는 가짜 경건입니다.

나는 죄를 떠올리는 것이 경건인 줄로 착각했습니다.
경건은 내 죄를 주님이 다 용서해 주셨음을 받아들이는 것입니다.
죄를 떠올리는 것은 마귀가 가장 좋아하는 거짓 경건입니다.
죄를 떠올려 죄책감에 붙잡혀 살도록 조장하는 세력이 마귀입니다.

같은 죄를 반복하여 회개하는 것은 마귀를 경배하는 것입니다.
죄를 떠올리는 동안 절대 그 죄에서 벗어나지 못합니다.
죄를 잊는 것이 죄에서 떠나는 비결입니다.
죄를 계속 떠올리는 것은 주님의 죄사함의 은혜를 받지 못한 증거입니다.

용서받은 죄를 떠올리는 것은 회개가 아닙니다.
용서받은 죄를 다시는 떠올리지 않는 것이 회개입니다.

아이들은 놀다가 넘어지면 일어나 툴툴 옷을 털어내고 아무 일 없는 것처럼 다시 놉니다.
어른들도 놀다 넘어지면 일어납니다.
그러나 어른들은 부끄러워서 다시 놀지 않습니다.
놀다가도 넘어진 것이 생각이 나서 신나게 놀지 못합니다.
그런 사람은 주춤거리다가 또 넘어지기 십상입니다.
그러면 지켜보던 아이들이 "바보"라고 놀립니다.

주님이 한번 용서한 죄는 다시는 효력을 발휘하지 못합니다.
그런데 그 죄를 떠올려 또 회개하면 마귀가 놀립니다. "바보야!"

죄는 내가 어떻게 할 수 있는 것이 아닙니다.
죄에 대한 나의 행위는 무익합니다.
경건은 주님의 용서를 받아들이는 것입니다.
회개를 반복할수록 죄는 더욱 견고하게 나를 죄 안에 가둡니다.

주님이 오늘도 죄에 대한 망각의 은혜를 주십니다.

【기도】 주님, 주님의 용서의 위대한 효력을 누리게 하소서!
【적용】 남을 정죄하지 않기!

 히 10:19-31

하나님의 손맛

원수 갚는 것이 내게 있으니 내가 갚으리라 하시고 또 다시 주께서 그의 백성을 심판하리라 말씀하신 것을 우리가 아노니 살아계신 하나님의 손에 빠져 들어가는 것이 무서울진저
[히 10:30-31]

'복수는 내가 할 일 내가 보복하리라 또 주님께서 당신 백성을 심판하리라 하고 말씀하신 분을 우리는 알고 있습니다. 살아계신 하나님의 손에 떨어지는 것은 무서운 일입니다.' (히 10:30-31 공동번역)

병을 얻은 후에야 내가 지은 죄에 대해 심각하게 돌아보게 되었습니다. 평상시에도 죄를 돌아보며 회개하는 삶을 살았지만 큰 병을 얻고 나서 죄를 돌아보는 것과는 그 차원이 달랐습니다.

그 전에는 무서운 하나님에 대한 자각이 없었습니다.
그저 무한히 참아주시며 은혜 주시는 하나님에만 기대고 살았습니다.
그러나 큰 병을 얻은 후에는 하나님이 얼마나 무서운 분인지를 자각하기 시작했습니다.
마치 매를 맞아보지 않던 아이가 어느 날 아버지로부터 매를 맞은 다음부터 아버지에 대한 인식이 바뀌는 것처럼 말입니다.

정신을 차리고 보니 지금까지 내가 의지하며 산 하나님의 은혜는 정상적인 은혜가 아니라는 사실을 알게 되었습니다.
내가 의지하며 살아온 은혜는 기우뚱한 은혜였습니다.

하나님의 은혜를 받았다는 사실에만 푹 빠져서 그 은혜에 대한 책임을 가볍게 여기며 살아왔음을 알지 못했습니다.

그래서 한편으로는 큰 병을 얻게 된 것이 감사합니다.
하나님의 복수의 손이 얼마나 무서운지 알게 되었으니 말입니다.

하나님의 손은 정말 맵습니다. 무서울 정도로 맵습니다.
이 손맛을 모른 채 훗날 한꺼번에 이 손맛을 보게 된다면 견딜 수 없을 것입니다.

하나님은 손맛을 봐야만 정신을 차리는 나를 잘 알고 계셨습니다.
그래서 따끔한 손맛을 보여주셨습니다.

이제 다시는 하나님의 손맛을 보기 싫습니다. 하나님의 손맛은 한 번이면 족합니다.

그러면서도 한편으로는 한 가지 걱정이 마음을 누릅니다.
하나님의 손맛을 너무나 빨리 잊지 않을까 하는 걱정입니다.
인간이라는 게 형편이 좋아지면 쉽게 마음이 바뀌니 말입니다.

징계는 속히 끝나되 징계의 흔적은 영원히 사라지지 않았으면 합니다.

주님의 손맛을 망각하는 방종에 빠지지 않기 위해서라도 말입니다.

오늘도 오전 10시에 암 치료받으러 갑니다.
하나님의 손맛이 예약되어 있습니다.
주님은 은혜를 잊지 않도록 하나님의 손맛(고통)을 몸에 새겨 두십니다.
얼마나 후끈거리고 따끔거리는지 맛보지 않은 사람은 모릅니다.

하나님의 손맛이 매서울수록 하나님의 은혜는 큽니다.
하나님의 손맛은 사랑의 매입니다.
손맛이 너무 매워 울면서도 마음이 상하지 않는 이유입니다.
손맛이 매울수록 주님의 사랑이 내 영혼에 한올 한올 붉은 수를 놓습니다.
다시는 지워지지 않게 말입니다.

살아생전 하나님의 손맛을 보는 사람은 복 있는 사람입니다.

내가 아는 분 중에 나와 비슷한 증상으로 병원 진단을 받은 분이 계십니다.
그분은 여러 가지 검사 결과 아무것도 아닌 것으로 진단받았습니다.
물혹이라 주사 한 방으로 치료가 끝났습니다.
그분은 그런 사실을 주변 사람들에게 알리면서 무척 기뻐하셨습니다.
그 모습이 선합니다.

그분은 지금까지 살아온 모습 그대로 살아가고 있습니다.
하나님의 손맛을 볼 기회를 영원히 놓친 것은 아닌지 걱정입니다.
그분은 올해 74세입니다.

너무 아플 때는 그분이 부럽기도 합니다.
그러나 지금 하나님의 손맛을 본 것이 나에는 복입니다.
주님은 하나님의 손맛을 아주 조금 보여주시므로 본격적인 손맛을 봐야 하는 대상에서 빠질 수 있는 은혜를 주십니다.

본격적으로 하나님의 손맛을 볼 날이 얼마 남아 있지 않음을 잊고 사는 것은 불행입니다.

【기도】 주님, 주님 사랑의 깊이를 알게 하소서!
【적용】 감사하므로 치료받기!

 히 11:1-7

좋은 것… 더 좋은 것… 최고 좋은 것

믿음으로 아벨은 가인보다 더 나은 제사를 하나님께 드림으로 의로운 자라 하시는 증거를 얻었으니 하나님이 그 예물에 대하여 증거하심이라 저가 죽었으나 그 믿음으로써 오히려 말하느니라   [히 11:4]

아벨은 가인보다 더 좋은 제물을 하나님께 드렸습니다.

그는 제물을 드리면 하나님이 받으신다는 것을 믿었습니다.
남들이 하는 것을 보면서 적당히 흉내 내는 사람이 아니었습니다.
아벨은 자신이 가지고 있는 것 중에 최고의 것을 주님께 드렸습니다.

오늘 주님께 드린 새벽기도가 더 좋은 새벽기도였는지 되돌아봅니다.
어제와 별반 다르지 않은 새벽기도는 아니었는지,
열정이 빠진 밋밋한 기도는 아니었는지,
마지못해 하는 새벽기도는 아닌지 돌아봅니다.

더 좋은 것을 주님께 드리는 것은 더욱 큰 주님의 은혜를 바라는 마음입니다.
주님께 더 좋은 것을 드릴 수 있는 것은 주님이 살아계심을 믿기에 가능한 일입니다.

【기도】 주님, 믿음으로 나가는 자에게 주시는 깜짝 선물을 기대합니다!
【적용】 최선의 것을 찾기!

 히 11:8-16

숙달된 타향, 낯선 본향

저희가 이제는 더 나은 본향을 사모하니 곧 하늘에 있는 것이라 그러므로 하나님이 저희 하나님이라 일컬음 받으심을 부끄러워 아니하시고 저희를 위하여 한 성을 예비하셨느니라
[히 11:16]

이 땅에서 장수하는 것은 모든 사람들의 바람이며 하나님이 인생에게 주신 복입니다.

인생은 마약과도 같습니다. 살수록 더 강한 애착을 느끼게 합니다.
자살처럼 특이한 경우를 빼고는 나이 드신 분들이 "이제 그만 살아야지"라고 말하는 것은 거짓말입니다.
만약 그것이 고의적인 거짓말이 아니라면 최소한 삶을 초월한 것처럼 보이려는 자기 과시에 빠져 있음에 틀림없습니다.

인생의 가장 난해한 딜레마는 아무리 오래 산다고 해도 언젠가는 죽는다는 것입니다.
역사 이래 이 난해한 딜레마를 해결하기 위한 온갖 시도들이 있었지만 허사였습니다.
시대의 발달로 생명을 몇 년 더 연장하는 데는 성공했지만 죽음을 해결하

지는 못했습니다.
인간은 끝없이 여기에 도전하겠지만 결국 무릎을 꿇고 말 것입니다.

죽을병에 걸린 후에 건강한 삶이 주님의 은총임을 절실하게 깨닫게 되었습니다.
내가 살아가는 동안 주님의 개입하심이 얼마나 크고 깊은지 알게 되었습니다.
건강과 죽음은 종이 한 장 차이로 내 주변에서 어슬렁거리고 있었습니다.

죽을병에 걸린 후에 '내가 왜 더 살아야만 하는지'를 따지기 전에 무조건적으로 더 살고 싶은 욕망에 사로잡혔습니다.

그러나 시간이 지남에 따라 '내가 왜 더 살아야만 하는지'에 대한 진지한 성찰을 하게 되었습니다.
그 결과 자연스럽게 좀 일찍 죽는 것도 괜찮겠다는 생각이 들기 시작했습니다.

죽을병에 걸리고 나서야 주님이 예비한 본향을 떠올려 보기 시작했습니다.
이제 삶의 축이 이생에서 내세로 조금씩 옮겨지기 시작했습니다.
그러나 이 땅에서 더 살고 싶은 욕망은 여전합니다.

이 욕망을 숨기려는 것은 죽음이 곧 실패라는 속된 등식에 사로잡혀 있기 때문인지 모릅니다.

이제야 알게 되었습니다.

산 자가 다 승자가 아니라는 것을, 그리고 죽은 자가 다 루저는 아니라는 것을.
진정한 승자는 믿음을 따라 죽느냐 아니면 믿음 없이 동물처럼 죽느냐에 달려 있습니다.

더 나은 본향을 진지하게 생각해 보는 새벽입니다.
죽음으로 이끌려는 암과 살고 싶어 하는 항체 사이에서 고통당하는 육체를 달래기 위해 잠자리에서 일어났습니다.

오늘 말씀을 통해 육체는 충분히 달래지 못했지만 영혼은 큰 쉼을 얻습니다.
나도 본향에 가야 할 대기자 명단에 들어 있음을 확인하는 새벽입니다.
작은 욕심이 있다면 온갖 핑계로 대기자 명단에서 내 이름을 뒤쪽에 위치시키는 것입니다.

부질없는 짓인 줄 알면서도 욕심을 버리지는 못하니 기쁘게 본향으로 달려갈 정도로 철들기는 멀었나 봅니다.

【기도】 주님, 나의 수명이 언제까지인지 정확하게 계수하게 하소서!
【적용】 죽음 성찰하기!

 히 11:17-31

화려한 누더기, 뒹구는 면류관

믿음으로 모세는 장성하여 바로의 공주의 아들이라 칭함을 거절하고 도리어 하나님의 백성과 함께 고난받기를 잠시 죄악의 낙을 누리는 것보다 더 좋아하고
[히 11:24-25]

모세는 공주의 아들이라는 명예와 쾌락 그리고 애굽의 재물을 그리스도를 위하여 받는 능욕과 고난으로 바꾸었습니다.

인생들이 평생 추구하는 3요소~ 명예, 쾌락, 돈.
이것을 버릴 수 있었던 것은 주님의 상 주심을 바라보았기 때문입니다.

아무리 좋은 것이라고 해도 영원히 간직할 수 없는 것을 버리는 것은 바보가 아닙니다.
잠시와 영원을 바꾸는 것은 바보입니다.

내가 바라보고 좇는 것 중에 덧없는 것들은 없는지 돌아봅니다.
잠시 편하기 위하여 거짓을 일삼고,
잠시 부하기 위해 속이기를 밥 먹듯이 하고,
잠시 인정받기 위해 위선도 서슴지 않는지 돌아봅니다.

오늘도 잠시를 향한 닻을 내리고 영원을 향한 닻을 올립니다.
하루 없는 영원은 신기루이기에 오늘도 영원을 향한 하루의 항해를 이어 갑니다.

영원을 위해 하루를 투자하는 것이 지혜입니다.
영원으로 한걸음 성큼 다가서는 주일이 되기를 소망합니다.

명예와 쾌락 그리고 돈.
이 세 가지는 알고 보면 결코 길지 않은 인생을 초라하게 만드는 마귀의 누더기입니다.

이것 때문에 주님이 예비하신 면류관은 저잣거리에서 지천으로 뒹굴고 있습니다.
거기에 내 이름 석 자 박힌 면류관은 없는지 걱정입니다.

【기도】 주님, 눈을 열어 영원을 보게 하소서!
【적용】 주님을 기쁘시게.

 히 11:32-40

출시 임박 히브리서 11장 속편

믿음은 바라는 것들의 실상이요 보지 못하는 것들의 증거니 선진들이 이로써 증거를 얻었느니라
[히 11:1-2]

새벽 1시 30분, 믿음의 능력이 어디까지인지 고민하게 만드는 새벽입니다.

세상은 믿음의 사람들을 감당하지 못합니다.
세상은 믿음의 사람들을 집어삼켰지만 믿음의 사람들은 삼킨 바 된 세상을 가만두지 않았습니다.
그들은 믿음의 칼로 세상 오장육부를 난도질하며 다녔습니다.
놀란 세상은 결국 그들을 토해내고 말았습니다.
커다란 구렁이가 맹독의 가시가 돋친 고슴도치를 삼켰다가 그 가시 맛에 놀라 토해낸 꼴이 되고 말았습니다.

주님은 히브리서 11장 속편을 내가 이어가기를 바라십니다.
그렇다면 과연 나의 삶은 어떻게 한 문장으로 표현될지 궁구해 봅니다.
믿음으로 종성이는…?

나의 믿음의 삶이 어떻게 표현되든 믿음의 두목들에 비추어 보면 똘마니

수준에나 이르면 다행이다 싶습니다.
이분들은 똘마니인 나의 영원한 형님들입니다.

살을 파고드는 아리고 쑤시는 고통이 찾아오면 잠자기는 틀렸습니다.
전에는 고통을 없이해 달라고 기도하다가 이제는 그냥 일어나 할 일을 합니다.
글을 쓰든, 칼빈의 욥기 설교집을 읽든, 기도를 하든 더 이상 잠을 구걸하지 않습니다.
깨어 있는 시간이 감사하게 느껴지기 시작했습니다.

하나님은 사랑하는 자들에게 잠을 주시기도 하지만 유기할 대상들에게도 깊은 잠을 주십니다.
다시는 깨어나지 못하도록 말입니다.
하나님은 특별히 사랑하는 자로 하여금 깊은 잠에 빠지지 않도록 고통의 가시로 찌르기도 하십니다. 주님이 사랑하신 욥처럼 말입니다.

잠 못 자면 고통스럽기도 하고 한편으로는 억울하기도 합니다.
그러나 그럴수록 주님이 예비하신 영원한 안식이 더 사무칩니다.
깊은 죄악이 잠든 이 세상에서 내 영이 깨어 주님과 은밀하고 세미한 교제를 나눈다면 그것은 진정한 축복이 되리라 믿습니다.
까짓것 밀린 잠이야 영원한 안식에 들어가 실컷 누리면 될 테니 말입니다.

내 서재에 불이 켜져 있는 동안 식구들은 평안히 잠을 잡니다.
도둑이 얼씬도 하지 못할 테니 말입니다.
이래저래 오늘 새벽은 식구들을 위한 불침번이며, 내 영혼의 불침번입니다.

그나저나 나의 삶을 뭐라고 한 문장으로 요약할 수 있을지 고민입니다.
종성이는 믿음으로 암을 이기기도 하며,
마음에 안 드는군요.
지우고 다시 써 봅니다.
종성이는 믿음으로 주님의 위대한 교회를(GC) 세우기도 하며,
역시 마음에 안 듭니다. 다시 지우고 써 봅니다.
종성이는 믿음으로… 다시,
종성이는 믿음으로… 다시,
종성이는 믿음으로… ?

어차피 잠은 오지 않고 새벽기도 갈 시간은 많이 남았으니
마음에 들 때까지 끄적거려 봐야겠습니다.
하여튼 히11장 속편은 금방 출시되기는 힘들 것 같습니다.

끄적거릴수록 핵폭탄 버금가는 무기로 주신 믿음에 비해
너무 초라한 삶을 살고 있다는 불온한 기운이 서재에 퍼져만 갑니다.

칼집에 꽂혀 있는 동안 보검이 진짜 보검인지를 알 길이 없습니다.

【기도】 주님이 주신 믿음의 최대 용량까지 사용하는 인생 되게 하소서!
【적용】 믿음 사용할 큰 문제 찾기!

 히 12:1-8

지금은 목욕 중

이러므로 우리에게 구름같이 둘러싼 허다한 증인들이 있으니 모든 무거운 것과 얽매이기 쉬운 죄를 벗어 버리고 인내로써 우리 앞에 당한 경주를 경주하며

[히 12:1]

경주하는 선수의 고민은 "가볍게, 더 가볍게, 아주 가볍게"입니다.

막상 큰 병에 걸리고 보니 지금까지 살아온 것이 너무 번잡했다는 것을 깨닫게 되었습니다.
다 부질없는 것들임을 뒤늦게 알게 되었습니다.
별것도 아닌데도 불구하고 걱정하고 가슴앓이를 하면서 살아왔습니다.
죽음이라는 그물로 걸러보니 별로 남는 게 없었습니다.
그런데 당시에는 그것들이 그렇게 중요하게 느껴졌으니 얼마나 미련하게 살았는지 모릅니다.
오만가지 쓸데없는 것들을 치렁치렁 매달고 살아왔으니 그 걸음은 경주가 아니라 늘보였습니다.

주님의 징계하심으로 병을 얻게 되자 이것들을 하나씩 버리게 되었습니다.
결국 남는 게 별로 없습니다.

그동안 살아온 것이 사치였음을 확인했습니다.
아직 버리지 못한 짐들이 남아 있습니다.
주님은 이것마저 버리라고 계속 징계의 채찍을 거두지 않고 계십니다.
이쯤에서 징계를 끝내시면 버린 무거운 짐들을 주섬주섬 다시 주워들 것이 뻔하기에 주님은 계속 징계의 채찍질을 하십니다.

나는 "이제 그만하시죠!"라고 채찍질하는 주님 손을 붙잡고 간절히 호소하지만 주님은 아직 멀었다고 하시며 내 손을 뿌리치십니다.
누가 좀 말려주었으면 하지만 누구 하나 말려줄 사람이 없습니다.

이제는 채찍질을 하는 주님의 손을 잡는 것을 포기했습니다.
그리고 아직 버리지 못한 무거운 짐과 죄를 버리는 일에 집중하고 있습니다.

뭔 죄가 그렇게도 많은지 마치 일 년 만에 목욕탕을 간 노숙자 같습니다.
이태리타월로 밀고 밀어도 그칠 줄 모르고 나오는 때 말입니다.
그 무거운 때들을 달고 어떻게 살았는지 신기할 뿐입니다.

밀면 밀수록 시원하니 살껍질 벗겨질 때까지 밀어야겠습니다.
다 마치고 목욕탕을 나올 때 느끼는 상쾌함을 기대하면서 말입니다.
지금까지 무거운 때를 벗겨 내고 체중을 달아보니 68킬로그램 나갑니다.
원래는 35인치에 80킬로그램이었는데 이제는 32인치에 68킬로그램 나갑니다.
3인치의 두께로 12킬로그램이나 되는 때를 내 몸에 칭칭 감고 살아왔습니다.

그러니 안 무거운 것이 이상한 일이죠.
옷이 맞는 게 없습니다.
바자회라도 열어 그 많은 옷들을 나눠줘야 할 판입니다.
이제 그만 목욕탕을 나서고 싶습니다.
성도들은 지금 나의 뒤태가 너무 멋지다고 말합니다.
이제 살은 그만 빼도 되겠다고 난리입니다.
성도들은 그 빠진 것이 살이 아니라 때인 줄 모르나 봅니다.

그나저나 주님이 "아들아 이제 멋지다 그만 목욕탕 나가자!" 언제 말씀하실지 눈치만 살피니 눈은 게 눈이고, 귀만 쫑긋 세우고 있으니 귀는 마치 토끼 귀처럼 변해 가고 있습니다.

【기도】 주님, 힘드셔도 끝까지 해주세요!
【적용】 무거운 짐 찾기!

MEMO

히 12:9-17

그래도 계속 가야 할 길

저희는 잠시 자기의 뜻대로 우리를 징계하였거니와 오직 하나님은 우리의 유익을 위하여 그의 거룩하심에 참여케 하시느니라 무릇 징계가 당시에는 즐거워 보이지 않고 슬퍼 보이나 후에 그로 말미암아 연달한 자에게는 의의 평강한 열매를 맺나니
[히 12:10-11]

나중에는 어떨지 모르지만 주님의 징계를 받는 당장은 마음이 슬픕니다.
심령이 다운되고 곤고합니다.
심령이 그러다 보니 몸도 그 영향을 받아 아무것도 하기 싫어집니다.
손은 맥이 풀리고, 무릎은 힘이 빠진 느낌이 듭니다.
손에 잡히는 것이 없고, 자꾸 주저앉고만 싶어집니다.
그러한 나를 향하여 주님은 피곤한 손과 힘 빠진 무릎을 일으켜 세워 가던 길을 계속 가라고 말씀하십니다. 주님이 도와주시겠다고 말씀하십니다.

주님은 징계가 가져다줄 열매를 바라보라고 말씀하십니다.
징계가 아니면 맺을 수 없는 의로움과 평강을 기대하라고 말씀하십니다.

징계는 나를 사람들 앞에서와 하나님 앞에서 새 사람으로 만들어줍니다.
징계의 끝에 맺힐 열매를 바라보니 나도 모르게 힘이 생깁니다.

말씀을 통해 역사하시는 성령님이 맥 풀린 내 손의 힘이며, 내 무릎의 힘줄입니다.
몸은 좀 불편하지만 거동 못할 정도는 아닙니다.
괜한 엄살로 핑계 대지 말고 해야 할 일을 해야겠습니다.
아프다는 핑계로 뒤로 미룬 일들을 꺼내 다시 시작해야겠습니다.

계속 책을 쓰고, 교회사역을 힘차게 진행하고, 특히 교회 이전 계획을 추진해야겠습니다.
나는 환자니까 하며 내려놓은 일들을 다시 일어나 감당해야겠습니다.

주님이 이 모든 일들을 감당할 힘을 주시리라 믿습니다.
건강할 때보다 더 잘할 수 있도록 도우시리라 믿습니다.
약할 때 강함되시는 주님의 은혜를 바라봅니다.
아픈 이후로 많이 우울해진 것이 사실입니다.
말이 줄어들고, 자주 웃던 웃음도 많이 사라졌습니다.
그러니 나보다 나를 지켜보는 주변 사람들이 더 힘들 것 같습니다.
나 하나 때문에 내가 속한 공동체의 분위기가 흐려진다면 그것도 고통입니다.
이것이 내가 슬픔과 우울을 털고 일어나야 하는 또 다른 이유입니다.

슬픔과 우울의 통로가 아니라 기쁨과 소망의 통로가 되기를 원합니다.
아픈 나를 지켜보는 가족들과 성도들이 많이 힘들었겠다는 생각이 듭니다.
맥 빠진 손과 연약한 무릎을 세워 주님이 주신 비전을 따라가던 길을 계속 가야겠습니다.

아차 하다가는 하나님과 사람들에게 애물단지로 낙인찍힐 것 같습니다. 나는 하나님과 사람들에게 보물단지로 대우받고 싶습니다. 영원히….

【기도】 주님, 핑계 대는 연약한 삶에서 전진하는 삶으로 바꿔주소서!
【적용】 일정 미루지 않기!

MEMO

 히 12:18-29

잘 꺼지지 않는 불

우리 하나님은 소멸하는 불이심이니라   [히 12:29]

주님을 거역하면 벌을 피할 수 없습니다.

곰곰이 지난날들을 생각해 보면 끔찍합니다.
지금까지 주님을 거역한 일들을 계수해 보면 머리카락이 쭈뼛해집니다.
그리하고도 아직 살아 있다는 것이 기적입니다.

전에는 주님이 무섭지 않았습니다.
늘 사랑의 주님이시고 은혜로우신 주님이셨으니까요.
이것은 십자가 사랑을 잘못 이해한 철없는 짓이었습니다.
십자가 사랑의 오해는 망령된 행실을 낳는 온상이라는 사실을 이제야 깨닫습니다.

너무 늦게 깨달았습니다.
그러나 아직 기회가 조금이라도 남아 있는 지금 깨닫게 된 것이 얼마나 감사한지 모릅니다.

회개하지 않는 죄는 벌을 피할 수 없다는 것은 자명한 일입니다.
그러나 회개했다고 해서 벌이 사라지는 것은 아닙니다.
주님은 죄를 회개하면 용서하시고 주님과의 관계를 회복시켜 주시지만 죄에 대해서는 무지 경감된 벌을 내리십니다.

벌은 몸에 지워지지 않는 상처를 남깁니다.
다윗이 회개했지만 그는 갓난아이가 자기 앞에서 죽는 것을 지켜봐야 했습니다.
밧세바가 낳은 솔로몬의 형입니다.

죄의 상처는 영광스런 상처는 아니지만 꼭 필요한 상처입니다.
그 상처는 죄가 만성화되지 않도록 무서움을 불러일으킵니다.

요즘은 뼛속까지 파고드는 고통의 바늘이 주님에 대한 두려움을 내 목에 새겨 넣기 위해 한 올 한 올 뜨개질을 합니다.
그 아픔은 불에 데는 것보다 더 뜨겁고 오래갑니다.

그 아픔에 대한 기억은 다시는 주님을 경홀히 여기지 않도록 나를 일깨워 줄 것입니다.
상처를 볼 때마다 죄가 얼마나 무서운 하나님의 벌을 불러오는지 상기시킬 것입니다.
나 같은 전철을 밟는 사람들을 보면 발 벗고 뛰어가 말릴 것입니다.

어제 마흔다섯 바늘을 꽂고 온 자리가 얼마나 후끈거리고 따가운지 밤새 잠을 설치다가 새벽 1시 반부터 묵상글을 올리고 있습니다.

오늘 새벽은 어릴 적 불주사 맞은 악몽이 떠오릅니다.
하나님은 불입니다.
하나님의 불 맛을 보는 밤사이 그 고통으로 인해 나도 모르게 눈물이 흐릅니다.

하나님의 불을 끄기에는 턱없이 부족한 눈물이겠지만 조금이나마 하나님의 불을 진화했으면 하는 바람입니다.

벌은 사랑의 비례입니다.
사랑한 것만큼 벌은 더 매섭습니다.
거역하는데도 벌이 임하지 않으면 사랑을 받은 사람이 아닙니다.
주님은 내가 다시는 죄를 짓지 않도록 벌의 상처를 몸에 남겨주십니다.

아픔만큼 나를 끔찍하게 사랑하시는 주님을 생각하니 눈물이 솟구칩니다.
하나님의 잔불을 진화할 정도는 될 것 같습니다.
그러면 한 시간이나마 잠을 자고 새벽기도를 갈 수 있습니다.

【기도】 주님, 상처 난 자리에 어린 아이 같은 맑은 영혼이 돋아나게 하소서!
【적용】 하나님의 잔불로 남은 죄 몽땅 태우기!

 히 13:1-15

아슬아슬한 곡예사

하나님의 말씀을 너희에게 이르고 너희를 인도하던 자들을 생각하며 저희 행실의 종말을 주의하여 보고 저희 믿음을 본받으라   [히 13:7]

나의 행실은 누군가의 본이 됩니다.

지도자는 늘 사람들의 시선에 노출되어 있습니다.
사람들은 지도자의 일거수일투족을 지켜보고 있습니다.
관심 없어 하는 것처럼 보일 때조차도 사람들은 지도자의 행실을 흘겨보고 있습니다.
그러다 보니 진심에서 우러나오는 것이 아니라 위선으로 자신을 꾸밀 때가 많습니다.

바탕이 안 되니까 꾸밀 수밖에 없는 것이죠.
남의 이야기가 아니라 바로 저의 이야기입니다.
그러니 공동체 안에서 나의 행실에는 자유함이 없고 자연스러움이 없습니다.
제자들에게 자신을 그대로 노출시키며 살았음에도 주님은 제자들의 사랑과 존경을 받았습니다.

주님은 혼자 계실 때나 같이 있을 때가 한결같았습니다.

만약 성도들이 우리 집에서 3년을 같이 산다면 시험 들지 않을 사람이 있을지…
3년은 고사하고 3일만 살아도 고개를 설레설레 흔들고 말 것입니다.
그러고 보면 가족들이 참 감사합니다.
가족은 내가 숨 쉬고 살 수 있는 유일한 공간입니다.

꾸며서는 사람들에게 인정받을 수 없습니다.
몇 번은 인정받겠지만 결국은 사람들이 나의 실체를 알아볼 것이기 때문입니다.
실체는 언젠가는 드러나기 마련입니다.

내적 바탕은 그렇게 빨리 그리고 쉽게 만들어지지 않기에 고민이 깊어집니다.
바탕은 점프하듯 그렇게 자라는 것이 아닙니다.
바탕은 한 걸음씩 꾸준히 수양의 계단을 밟고 올라갈 때 자라기 시작합니다.
그래서 바탕의 성장은 거의 표가 나지 않습니다.

내적 바탕이 갑자기 바뀐 사람은 두 종류입니다.
능숙한 연기자이든지 정신이 회까닥 돈 사람이든지.

내적 바탕은 평생 가꿔야 할 텃밭입니다.

성도들은 내가 시련 가운데서 어떻게 대처하는가 지켜보고 있습니다. 내가 가진 믿음의 바탕이 '설교용'인지, '실전용'인지 그들은 가려낼 것입니다.

이제는 성도들이 두렵습니다.
그들의 눈을 속일 수가 없다는 사실을 깨닫고 나니 더욱 그렇습니다.

그러나 내가 바탕을 가꾸면 언젠가는 나를 알아줄 것이기에 오늘도 바탕을 쌓기 위한 한 걸음을 힘차게 내딛습니다.
진심은 통하기 마련입니다.

속히 아슬아슬한 곡예사를 그만두고 싶습니다.
내적 바탕은 바뀌지 않은 채 겉만 꾸미는 위선은 아슬아슬한 곡예사나 할 짓입니다.

【기도】 주님, 성령의 도우심으로 본이 되는 내적 바탕을 이루게 하소서!
【적용】 남 탓하지 말고 나를 돌아보기!

CHAPTER 5

묵상글 모음

에베소서, 골로새서, 디도서

 엡 1:15-23

천 원짜리 묵상

우리 주 예수 그리스도의 하나님, 영광의 아버지께서 지혜와 계시의 정신을 너희에게 주사 하나님을 알게 하시고 너희 마음 눈을 밝히사 그의 부르심의 소망이 무엇이며 성도 안에서 그 기업의 영광의 풍성이 무엇이며 그의 힘의 강력으로 역사하심을 따라 믿는 우리에게 베푸신 능력의 지극히 크심이 어떤 것을 너희로 알게 하시기를 구하노라   [1:17-19]

천 원짜리를 통에 넣어야 인터넷이 연결되는군요.
늘 집에서 할 때는 몰랐는데 막상 돈을 내야 한다니 아깝다는 생각이 듭니다.
몇 가지 검사받을 것이 있어 병원에 입원했습니다.
밖에 나오니 모든 것이 돈이군요.

그래도 묵상의 은혜와 천 원짜리를 바꿀 수는 없는 일.
기꺼이 천 원을 투입구에 넣고 묵상의 창을 여니 역시 주님은 풍성이십니다.

내게 주신 기업의 풍성함이 어떤지 조금씩 눈을 열어 갑니다.
내게 주신 능력이 얼마나 큰 것인지 시험삼아 가동하기 시작했습니다.
있어도 해보지 않으면 없는 것이나 마찬가지니까요.

쩨쩨하게 생각하는 못된 습관을 버리기로 했습니다.
쩨쩨한 마귀가 얼마나 집요한지 잘 떨어지지 않으려고 합니다.
그러나 이제는 쩨쩨 마귀를 떨어내는 데 성공했습니다.
그렇다고 방심할 일은 아닙니다.
언제 또 떼거지로 몰려 들어올지 모르니까요.

그동안 주님께, 그리고 사람들에게 참 쩨쩨하게 살았습니다.
그것이 가난으로 전락하는 마귀의 속임수인 줄 모르고 말입니다.
그러나 풍성으로 습관을 바꾸자 주머니가 금방 풍성해지기 시작했습니다.
무엇보다 가진 것이 별로 없는데도 마음 주머니가 풍성합니다.

물론 허풍은 조심해야겠죠. 영적 거품은 곧 사기꾼의 첫걸음이니까요.

주 안에서 풍성은 주님이 나에게 주신 약속입니다.
나는 그것을 누리면서 살려고 작정했습니다.
그것이 주님의 뜻이기도 하니까요.

【기도】 주님의 상속자로 불러주셔서 감사합니다.
【적용】 풍성 나누기

엡 2:1-10

정밀 진단 결과

긍휼에 풍성하신 하나님이 우리를 사랑하신 그 큰 사랑을 인하여 허물로 죽은 우리를 그리스도와 함께 살리셨고(너희가 은혜로 구원을 얻은 것이라) 또 함께 일으키사 그리스도 예수 안에서 함께 하늘에 앉히시니 [2:4-6]

병원에서 며칠을 지내보니 살고 죽는 문제만큼 더 중요한 문제가 없는 듯 보입니다.
오직 살고자 하는 일념으로 똘똘 뭉친 사람들로 가득한 곳이 병원입니다. 살 수만 있다면 나이와 상태에 상관없이 할 수 있는 모든 처방을 감당합니다.

오늘 오전이면 나도 정밀검사결과가 나옵니다.
그 결과에 따라 의학적 처방을 할 것인지 아니면 포기할 것인지가 결정됩니다.
초조하지만 나름대로 마음속에 결정한 것이 있어 평안합니다.

살고 죽는 문제에 모든 것이 함몰되는 세상에 같이 휩쓸리고 싶지 않습니다.
이미 나는 죽었다가 살아났기 때문입니다.

이제는 주님과 함께 다시는 죽지 않는 불사조가 되었습니다.
나중에는 일으킴을 받아 주님과 함께 하늘에 앉게 됩니다.

주님은 나에 대한 마스터플랜을 준비해 주셨습니다.
이제 살고 죽는 문제는 초월해서 살고 싶습니다.

하긴 세상에서 산 날들이 많으니 미련이 없을 수는 없겠지만 미련하게 땅에 묶이고 싶지는 않습니다.
미련하게 산 것은 지난 과거만으로도 충분합니다.

오직 소망이 있다면 주어진 이 땅에서 믿음의 삶을 사는 것입니다.
선한 열매를 남기면서 말입니다.

【기도】 주님, 생과 사 모두 주님의 품임을 알게 하시니 감사합니다!
【적용】 세상길이 아닌 십자가 길 가기!

MEMO

엡 2:11-22

긴 터널 입구에서

이제는 전에 멀리 있던 너희가 그리스도 예수 안에서 그리스도의 피로 가까워졌느니라
[2:13]

진단 결과 아주 나쁜 상황이 아니어서 장시간의 치료에 들어가기로 결정했습니다.
한편으로는 차라리 처치할 것이 없다는 결과가 나와 치료를 포기하고 싶은 마음도 있었습니다.
그러나 그것도 내 마음대로 되지 않습니다.
이제 내가 선택할 수 있는 것이 아무것도 없어 맡깁니다.
평안한 마음으로 주님의 손에 맡깁니다.
마지막 긴 터널을 지나야 할 것 같습니다.
끝은 모릅니다. 매 순간이 결과를 결정할 것이기 때문입니다.
본격적인 치료를 위해 어젯밤부터 약병과 튜브를 주렁주렁 달고 다니기 시작했습니다.
장기간 이런 상태로 병원 구석에 있는 인터넷 방에서 묵상을 올려야 할 것 같습니다.
남들 보기야 흉하겠지만 묵상할 수 있음이 감사합니다.
새벽에는 운동한다고 설치다가 호스를 타고 피가 역류하는 바람에 놀라

간호사에게 달려갔습니다.
간호사의 능숙한 처치로 피는 다시 호스를 타고 혈관 안으로 들어갔지만 손을 심장 위로 올리시면 안 된다는 핀잔을 들어야 했습니다.
피를 보는 순간 누구나 끔찍한 느낌을 받습니다.
피를 보자마자 군침을 흘리는 사람은 없습니다.
그러나 주님이 흘리신 피는 사랑스럽고 따뜻하게 느껴집니다.
나에게 내린 모든 저주가 그리스도의 피로 해결되었기 때문입니다.
그 피로 바르고 온몸에 붓고 싶습니다.
집 전체를 페인트 하듯 바르고 싶습니다.
그 피는 여전히 저주를 몰아내는 능력이기 때문입니다.
그 고귀한 피로 하나님과 가까워졌기에 하나님을 찾는 것이 너무나 당연합니다.
하나님을 찾지 않는다면 그 피의 공로를 외면하는 것입니다.

어떤 순간이 오더라도 매 순간 주님을 부르고 찾습니다.
어제도 응급실에 실려 가는 위기의 순간이 있었는데 계속 주님을 불렀습니다.
앞으로 어떤 더 악한 상황이 온다고 해도 주님을 찾고자 합니다.
앞으로 상황이 호전되어 편안해져도 계속 주님을 찾을 것입니다.
그것만이 버려진 나를 하나님과 화목케 하신 주님 사랑에 대한 최고의 답례이기 때문입니다.

【기도】 주님께 온전히 맡깁니다. 하늘로부터 내려오는 평안으로 채워주소서!
【적용】 찬송하며 기뻐하기!

 엡 4:7-16

가까이 오신 주님!

오직 사랑 안에서 참된 것을 하여 범사에 그에게까지 자랄찌라 그는 머리니 곧 그리스도라
[4:15]

예수님에게 이르기까지 자라는 것은 하나님의 뜻입니다.
상당히 높은 수준이라 엄두를 못 낼 것 같지만 하나님은 하실 수 있습니다.

그 시작은 사랑 안에서 참된 것을 하는 것입니다.
거짓은 사단에게 영역을 내어주는 항복 선언입니다.
참(진실)은 주님께 맡기는 자유선언입니다.

아무리 작은 일이라도 거짓이 발붙일 자리를 허락해서는 안 되는 이유입니다.
거짓은 사단의 토굴입니다.
거짓은 사단의 통로입니다.
샅샅이 뒤져 아무리 작은 비밀통로라도 봉쇄해야 합니다.

참이 아니면 아무것도 아닙니다.

짙은 안개, 먹구름, 천둥과 바람으로 요동친 긴 긴 밤이 지났습니다.
아침이 오지 않을 것 같은 어둠도 걷히고 날이 밝았습니다.

거짓이 아무리 득세해도 결국 참에게는 지고 맙니다.
참은 곧 예수 그리스도이시기 때문입니다.
주님이 더 가까이 와 계십니다.

【기도】 주님의 기대에 부응케 하소서!
【적용】 매사에 참으로 하기!

MEMO

엡 4:17-24

영으로 껍질 벗기

진리가 예수 안에 있는 것같이 너희가 과연 그에게서 듣고 또한 그 안에서 가르침을 받았을찐대 너희는 유혹의 욕심을 따라 썩어져 가는 구습을 좇는 옛 사람을 벗어 버리고
[4:21-22]

주님은 나를 새 사람으로 만드십니다.

요즘은 심령으로 새 사람을 만들어 가시는 주님의 은혜 안에 머물러 있습니다.
내가 원하는 수준이 아니라 주님이 원하는 심령으로 만들어 가십니다.
힘에 벅찰 때에는 그 끝이 어디인지 두려움이 엄습합니다.
그러나 주님은 오늘도 나를 만들어 가시는 일을 진행하십니다.
내가 느끼든 느끼지 않든 주님은 멈추지 않을 것입니다.

힘들 때는 종종 옛사람의 때를 돌아보기도 합니다.
그러나 아무 부질없는 짓입니다.
주님은 시작하셨고 결국 이루실 것이기 때문입니다.

내가 만들어 가는 것이 아니라 주님이 친히 만들어 가십니다.

주님의 계획 속에서 말입니다.
내가 의지하며 기대하는 것은 하나님의 선하심입니다.

옛사람의 껍질을 벗기시고 하나님의 생명으로 충만하게 하실 주님을 앙망합니다.

【기도】 주님의 일하심을 보게 하소서!
【적용】 영을 돌보기!

MEMO

 엡 4:25-32

지각 묵상 변병

마귀로 틈을 타지 못하게 하라 [4:27]

항상 누군가가 나를 노린다는 사실이 섬뜩합니다.
24시간 경계를 서야 하니 보통 피곤한 일이 아닙니다.

그러나 한편으로는 누군가가 노린다는 것은 중요한 존재라는 의미에서 가치 있는 일입니다.
마귀가 호시탐탐 노린다는 것은 내가 주님의 자녀임을 확증해 줍니다.
마귀가 자기 새끼를 노리지는 않을 테니 말입니다.

마귀는 마음의 상태를 노립니다.
가장 약할 때 공격하려고 말입니다.
그래서 마음을 지키는 것이 중요합니다.
마음은 말씀으로 지킬 수 있습니다.
감정과 느낌이라는 자연적인 상태에 놔두면 마음은 무방비 상태가 됩니다.
마음은 항상 영적 영역 안에 위치시켜야 합니다.
곧 말씀으로 마음을 지키는 것입니다.

상황이나 환경이 바뀌면 마음은 금방 흔들립니다.
병원 입원 10일째가 되니 나도 모르게 병원 시스템에 따라 움직입니다.
그러나 아무리 병원 시스템이 있어도 내가 할 수 있는 것을 다 할 수 있습니다.
기도, 예배, 묵상. 마음만 먹으면 다 할 수 있습니다.
좀 불편할 뿐이지 못할 지경은 아닙니다.
그러나 마귀는 그 틈을 타서 방해합니다.
병원이라는 환경에 나를 가두려고 합니다.

몇 번 속고 나서야 정신을 차립니다.
몸이 말을 안 듣고 현기증이 나는 등등 다 자연적인 영역에서 일어나는 일들입니다.
이런 자연적인 결과를 수용하자 마음을 빼앗기고 곧 묵상이 뒷전으로 밀리기 시작합니다.

처지고 기운이 없어지고 현기증이 심해지는 것은 마음을 빼앗긴 결과라는 것을 알았습니다.
그래서 이제부터는 자연적인 현상을 수용하는 대신 거부하기로 했습니다.
그 뒤에 마귀의 실체가 숨어 있기 때문입니다.

나는 자연적이고 육체적인 영역이 아닌 영적 영역으로 부름받은 하나님의 자녀입니다.

마귀는 영적입니다.
그러나 마귀는 주로 자연적인 영역을 통해 공격을 합니다.

그것이 나의 약점임을 알기 때문입니다.
그 마귀는 주님을 떡과 영광이라는 육체적인 것으로 유혹한 장본인입니다.

"예수의 이름으로 명하노니, 더럽고 사악한 마귀야, 꺼져라!"

【기도】 주님, 늘 제 안에 계시니 감사합니다!
【적용】 상황을 뛰어넘는 주의 능력 구하기

 엡 6:18-24

격리 조치 해제!

또 나를 위하여 구할 것은 내게 말씀을 주사 나로 입을 벌려 복음의 비밀을 담대히 알리게 하옵소서 할 것이니 이 일을 위하여 내가 쇠사슬에 매인 사신이 된 것은 나로 이 일에 당연히 할 말을 담대히 하게 하려 하심이니라   [6:19-20]

바울은 자신이 감옥에 갇힌 것은 복음을 위해서라고 말합니다.

참 멋진 고백이며 인생 해석입니다.
바울은 쇠사슬에 매이거나 자유하거나 그 삶 자체가 복음이었습니다.

이제야 격리 조치가 해제되었습니다.
5일 동안 1인실 무균실에 격리될 만큼 상태가 악화되었지만 5일 만에 정상으로 회복되었습니다.
격리 조치가 해제되자마자 생~ 삶 앞으로 달려와서 묵상을 즐깁니다.

참으로 답답한 격리 병동 생활이었습니다.
죽음의 문턱을 두 번이나 오고 가면서 많은 것을 생각하며 기도했습니다.
진지하게 자신을 돌아보는 시간이기도 했습니다.

몸이 정상으로 돌아와서 격리 조치가 해제된 것도 중요하지만 어느 순간이든지 내가 복음의 산 증거가 되기를 바랍니다.
살든지 죽든지 다 복음에 유익하도록 주님이 나를 사용하실 것을 믿습니다.

이번 일을 통해 삶과 죽음을 초월하는 신앙의 능력을 조금이나마 맛보았습니다.
살든지 죽든지 내가 아닌 주님이 존귀하게 되기를 바랍니다.

한 번은 가야 할 그 길을 앞에 두고 두려워 떠는 자가 되지 않기를 평생 기도 제목으로 삼고 살려고 합니다.
불현듯 찾아오는 죽음 앞에서 당황하지 않도록 말입니다.

잘 준비된 죽음을 위하여 매일 믿음으로 살려고 합니다.
살든지 죽든지
쇠사슬에 매이든지 자유하든지
내가 복음의 산 증인이 되는 것을 방해할 것은 아무것도 없습니다.

MEMO

 골 1:9-20

고액의 치료비 청구서 앞에서

주께 합당히 행하여 범사에 기쁘시게 하고 모든 선한 일에 열매를 맺게 하시며 하나님을 아는 것에 자라게 하시고 [1:10]

보이지 않는 주님을 기쁘시게 하는 것이 얼마나 어려운지요.
자신을 만족하게 하기도 쉽지 않은데 하물며 주님을 기쁘시게 하기란 말할 것도 없습니다.
정신없이 무엇인가에 쫓기듯 살다 보면 주님이 아닌 자신을 기쁘게 할 때가 많습니다.
설령 주님을 기쁘시게 한다고 하지만 그 동기를 자세히 살펴보면 결국 자기를 위해 행동할 때가 많습니다.

큰 고민에 빠졌습니다.
갑자기 뜻하지 않은 병원 치료를 받게 되었는데 그 비용을 아시는 분이 감당해 주시겠다는 것입니다. 건강보험이 안 돼 상당한 고액입니다.
그렇게 고액인 줄 알았다면 선뜻 치료받는다고 따라나서지 못했을 것입니다.
치료받는 것이 주님을 기쁘시게 하는 것인지 포기하는 것이 주님을 기쁘시게 하는 것인지 모르겠습니다.
지금까지만 해도 이미 많은 사랑의 빚을 지고 있는데 이번 일까지 부담

지운다면 너무 송구스러운 마음이 듭니다.
걱정하지 말라고 말씀하시며 병에서 낫는 것이 중요하지 돈이 뭐 중요하겠느냐고 하시며 기꺼이 부담하시겠다고 하십니다.
사랑을 베푸시는 분은 주님을 기쁘시게 하는 일이라고 확신하시는 것 같습니다.
그런데 그 사랑을 받아들이는 나는 왜 가시방석에 앉아 있는 것 같은 불편함에 시달리는지 모르겠습니다.

내가 이런 큰 사랑을 받은 만큼 소중한 가치가 있는 사람인가 새삼 되돌아봅니다.
지금까지 여기에는 확신이 있다고 생각해 왔는데 막상 이런 일을 겪고 보니 주님이 나를 얼마나 소중하게 생각하시는지 잘 알지 못했다는 것을 알게 되었습니다.
하나님께서 독생자 예수님을 내어주시고 나를 속량하셨다는 진리가 피부에 와 닿는 것 같은 생생한 느낌이 듭니다.

고액의 비용을 들여서라도 나를 살리시고 귀하게 쓰실 하나님의 뜻이 계신 것은 아닌지 조심스럽게 주님께 여쭈어 봐야 할 것 같습니다.
말기 암에서 고침받은 후 제값만 할 수만 있다면 그 큰 사랑의 빚을 지는 것도 주님을 기쁘시게 하는 일이겠다 싶습니다.
이 같은 결론이 자기 합리화가 아닌 주님의 뜻이기를 간절히 바랍니다.

【기도】 주님, 받은 사랑에 백 배나 더 귀하게 살게 하소서!
【적용】 송구스러운 맘 털고 적극 치료에 임하기!

 골 2:8-15

유괴당하는 영혼들

누가 철학과 헛된 속임수로 너희를 노략할까 주의하라 이것이 사람의 유전과 세상의 초등 학문을 좇음이요 그리스도를 좇음이 아니니라 그 안에는 신성의 모든 충만이 육체로 거하시고 너희도 그 안에서 충만하여졌으니 그는 모든 정사와 권세의 머리시라
[2:8-10]

세상에 더 이상 기웃거릴 필요가 없습니다.
신앙은 그리스도를 좇는 것이기 때문입니다.

인문학, 철학, 사회학, 심리학에 능통하고 입담도 뛰어난 설교자는 쉽게 사람들의 마음을 사로잡습니다.
설교 때 이런 것들을 구수하게 풀어 말하면 들을 것이 많은 유능한 설교자라며 추앙합니다.
그러나 이런 설교자에게는 신령한 충만함을 느낄 수가 없습니다.
재미있고, 유익한 것 같고, 흥미진진한데 믿음은 자라지 않고 영혼이 건건해집니다.

반대로 학문에 무식하지만 성령의 기름부음을 받아 그리스도만을 전하는 설교자는 홀대합니다.

들을 것이 없다고, 무식한 설교자라고, 그 흔한 철학박사 학위 하나 없다고 말입니다.
그러나 이런 설교자에게는 뭔가 범상치 않은 영적 기운이 충만하게 느껴집니다.
이런 설교자의 설교를 들으면 그리스도에 대한 믿음으로 충만해집니다.

그런데 후자 교회보다 전자 교회에 더 많은 사람들이 몰립니다.
그리스도를 좇지 않고 세상을 좇기 때문입니다. 마귀에게 속는 것입니다.

화려한 건물, 편안한 시설, 많이 배운 목회자가 시무하는 교회.
이런 것들은 그리스도의 신성의 충만과 하등의 관계가 없습니다.
외지고, 허름한 건물에 세 들어 있고, 시시한 신학교만 겨우 졸업한 목회자가 시무하는 교회.
그런 조건을 가진 교회라고 해도 신성의 충만함으로 가득할 수 있습니다.

외적 환경으로 신성의 충만을 가름할 수 없습니다.

급한 상황에서 병원 근처에 교회를 정해서 수요예배와 금요예배를 드립니다.
근처에 근사한 건물에 있는 교회도 많지만 상가에 세든 작고 허름하고 더 외진 교회를 정해서 예배를 드리고 있습니다.
영으로 신성의 충만함을 느낄 수 있기 때문입니다.
그곳에서 예배드리면 믿음으로 충만해지는 것을 느낍니다.

신앙은 세상을 좇는 것이 아니라 그리스도를 좇는 것입니다.

영의 눈이 멀면 세상을 좇아갑니다.
유명한 목사님이 시무하는 화려하고 큰 교회를 다니는 자부심은 신앙이 아닙니다.
물론 이런 교회도 신성으로 충만한 교회가 있습니다.

믿음을 충만하게 자라게 해주는 교회,
성령으로 충만하여 그리스도의 능력이 나타나는 교회,
건물의 화려함에서 오는 웅장함이 아니라
신성의 충만에서 나오는 경외감이 감도는 교회,
이런 교회가 진짜 교회입니다.

방심하면 가짜 불에 속습니다.
주의하지 않으면 내 영이 유괴당합니다.

【기도】 주님, 영적 눈을 뜨게 하소서!
【적용】 영적으로 분별하기!

 골 3:1-11

고품격 인생

이제는 너희가 이 모든 것을 벗어버리라 곧 분과 악의와 훼방과 너희 입의 부끄러운 말이라 너희가 서로 거짓말을 말라 옛사람과 그 행위를 벗어버리고 새 사람을 입었으니 이는 자기를 창조하신 자의 형상을 좇아 지식에까지 새롭게 하심을 받는 자니라
[3:8-10]

새롭게 되었지만 내 안에는 여전히 타고난 본성이 있습니다.

본성은 잠잠하다가 기회만 되면 스멀스멀 고개를 듭니다.
나를 다스리려고 말입니다.

중병에 걸려 거동하지 못할 때에도 본성만은 여전히 건강합니다.
본성은 육체의 쇠약함에도 거의 영향을 받지 않습니다.
그래서 늙어서도 본성은 여전히 쌩쌩합니다.

얼마나 큰 고통인지 모릅니다.
본성은 쌩쌩한데 그것을 채울 몸은 늙어가니 말입니다.

더 늙기 전에 그래서 더 추해지기 전에 본성을 버리고 천성을 덧입고 살고 싶습니다.

품격있게 늙고 싶습니다.
그러려면 지금부터 훈련을 해야 합니다.
오늘도 본성 죽이기는 진행형입니다.
만만치 않은 싸움이지만 본성 죽이기를 시작하면 성령님이 도우십니다.

오늘도 주님 닮은 천성을 입고 싶습니다.

【기도】 주님, 본성을 다스리게 하소서!
【적용】 절제하기!

 골 3:12-17

그릇이 깨어진 날

그러므로 너희는 하나님의 택하신 거룩하고 사랑하신 자처럼 긍휼과 자비와 겸손과 온유와 오래 참음을 옷 입고 누가 뉘게 혐의가 있거든 서로 용납하여 피차 용서하되 주께서 너희를 용서하신 것과 같이 너희도 그리하고 이 모든 것 위에 사랑을 더하라 이는 온전하게 매는 띠니라 [3:12-14]

긍휼과 자비, 겸손, 온유, 오래 참음이라는 단어들은 나와 거리가 멀었습니다.

그런 척을 하는 수준이지 옆에 사람이 느끼는 수준은 아니었습니다.
긍휼이 있는 척, 온유한 척, 오래 참는 척.
그래서 좀 깨어 있는 사람은 금방 알아차립니다. 아니라는 것을.

저의 누님이 그런 분입니다. 권사님이신데 나를 잘 알죠.
늘 하시는 말이 내 심령이 강퍅하고 겸손하지 못하다는 것입니다.
그것들을 위해 늘 기도하라고 권면하시곤 합니다.
아픈 동생에게 이런 권면하기도 쉽지 않았을 것입니다.
동생이 잘되기 위한 사랑이 아니면 할 수 없는 권면일 것입니다.
들을 때는 서운해도 지나고 보면 얼마나 고마운지 모릅니다.

원래 그 사람에게 풍기는 영적 기운이 있습니다.
은은한 향기처럼 그냥 느껴지는 것이죠.

누님의 권면을 받으면서 긍휼과 자비, 온유한 사람이 되어야겠다는 다짐을 했습니다.
그래서 기도하기 시작했습니다.
며칠이 안 돼 금방 변화가 나타나기 시작했습니다.
눈물이 많아졌습니다.
누구의 아픈 사연을 들으면 바로 눈물이 쏟아지기 시작했습니다.

어제는 아홉 자녀를 둔 가정 이야기를 다룬 TV를 보다가 주르륵 눈물이 났습니다.
주방에서 식사를 준비하는 누님이 눈치채지 못하게 우느라 혼났습니다.

편도암은 주님이 나를 위해 준비하신 맞춤형 연단임을 알았습니다.
첫 번째로 오래 참는 훈련을 시키시더니 이제는 긍휼과 자비, 온유의 성품을 만들어 가십니다.

주님은 내 안에서 주님의 향기가 피어나게 만들어주십니다.
억지로 가짜 향수를 뿌릴 필요가 없습니다.
그런 척할 필요가 없도록 향기의 근원이신 예수님의 형상을 내 안에서 일으켜 주십니다.

내가 할 일은 나의 부족함을 인정하고, 주님의 성품을 닮게 해달라고 기도하는 것입니다.

'성품 닮기'는 배워서 되는 것이 아니라 주님의 은혜로 임하는 것이기에 오늘도 주님 바라보며 기도합니다.

"주님, 나의 강퍅한 마음의 그릇을 깨뜨려 주소서!"

【기도】 주님의 심장으로 이식시켜 주소서!
【적용】 온유함을 위한 기도!

 골 4:1-9

하늘의 기운으로 일어서라

기도를 항상 힘쓰고 기도에 감사함으로 깨어 있으라 [4:2]

항상 힘쓰지 않으면 기도할 수 없습니다.
기도는 자동이 아닙니다.
기도는 운전 실력을 연마하듯 단련되는 것이 아닙니다.

기도는 항상 환경에 영향을 받기 때문에 항상 힘쓰지 않으면 할 수 없습니다.
항상 힘쓰는 것이 힘들기에 기도생활에 승리하는 사람이 많지 않습니다.
하루 종일 다른 일에 힘을 썼기 때문에 기도생활에 힘을 쓸 여력이 없다고 합니다.
일상생활에서 사용하는 힘과 기도생활에서 쓰는 힘이 같다고 생각하지만 틀린 생각입니다.
일상생활에서 사용하는 힘은 사용할수록 소진되지만 기도생활에서 사용하는 힘은 사용할수록 더 탄력이 붙는 힘입니다.

육체는 곧 소진되지만, 기도하고자 힘을 쓰면 하나님은 날마다 새 힘을 주십니다.

기도할 때 하나님이 주시는 새 힘은 일상생활까지도 커버하는 힘입니다.

육체에서 나오는 힘으로 살면 늘 환경에 굴복당합니다.
그러나 기도에서 나오는 새 힘으로 살면 환경을 초월합니다.

기도하지 않는 사람은 늘 환경을 탓합니다.
그러나 기도하는 사람은 핑계가 없습니다.

기도하지 않는 사람은 육체의 연약함에 갇힙니다.
그러나 기도하는 사람은 육체의 한계를 뛰어넘습니다.
이것이 항상 기도하는 사람이 승리하는 비결입니다.
기도에서 환경을 변화시키는 힘이 나옵니다.

기도에 항상 힘쓰지 않으면 인생에 다스림을 받습니다.
기도는 인생을 다스리는 컨트롤 타워입니다.

주님은 밥 먹을 힘조차 없는 지경이라도 기도할 힘은 남겨 두십니다.
그래서 기도를 하면 어떤 상태에 빠졌든지 다시 일어날 수 있습니다.
기도는 하늘의 힘입니다.

【기도】 주님, 기도의 힘으로 병상을 털고 일어나게 하소서!
【적용】 기도생활에서 물러나지 않기!

 딛 1:1-9

우리들만의 리그

내가 너를 그레데에 떨어뜨려둔 이유는 부족한 일을 바로잡고 나의 명한대로 각 성에 장로들을 세우게 하려 함이니 책망할 것이 없고 한 아내의 남편이며 방탕하다 하는 비방이나 불순종하는 일이 없는 믿는 자녀를 둔 자라야 할찌라 감독은 하나님의 청지기로서 책망할 것이 없고 제 고집대로 하지 아니하며 급히 분내지 아니하며 술을 즐기지 아니하며 구타하지 아니하며 더러운 이를 탐하지 아니하며 오직 나그네를 대접하며 선을 좋아하며 근신하며 의로우며 거룩하며 절제하며 미쁜 말씀의 가르침을 그대로 지켜야 하리니 이는 능히 바른 교훈으로 권면하고 거스려 말하는 자들을 책망하게 하려 함이라
[1:5-9]

바울 사도는 디도를 그레데로 보냅니다.
그곳의 교회를 돌보고 장로들을 세워야 하기 때문입니다.

바울이 제시한 장로의 조건들을 보면 입이 쩍 벌어집니다.
그 당시에는 이런 조건을 갖춘 사람들이 있었나 봅니다.
아니면 지금까지 너무 협소하게 살아서 이런 조건을 갖춘 사람들을 만나지 못한 것인지도 모릅니다.
하여튼 이런 조건을 갖춘 사람들이 있을까 하는 의구심을 지울 수 없습니다.

장로도 장로지만 그런 장로들을 세워야 하는 디도 역시 그에 버금가는 사람이어야 할 것입니다.
그런 조건을 갖춘 디도이기에 바울은 장로 세우는 사역을 디도에게 맡겼을 것입니다.

나는 이런 성경의 기준으로 직분자들을 세우지 못했습니다.
몇 가지 이유가 있지만 가장 핵심적인 이유는 내가 이런 조건을 갖추지 못했기 때문입니다.
그 결과 이런 조건을 갖춘 직분자가 나오기까지 기다리지 못하고 나처럼 흠이 있는 직분자들을 세우고 말았습니다.

내가 그런 흠이 있기에 그런 흠 없는 사람을 양성할 자격이 애초부터 없었는지 모릅니다.

그러나 마음이 편한 것만은 사실입니다.
목사도 흠이 많고 직분자들도 흠이 많으니 서로서로 이해하면서 지낼 수 있으니.
"목사도 사람인데!"라는 말을 위안 삼으면서 말입니다.

성도들도 흠 없는 목사처럼 거룩해야 한다는 스트레스에서 벗어나고, 나 역시 거룩해지지 않는 성도들 때문에 스트레스를 받지 않으니까요.
"저들이 교회 나오는 것만도 기적이야!"라는 말로 자위하면서 말입니다.
그러니까 완전히 '우리들만의 리그'인 셈입니다.
주님 보시면 웃기는 짬뽕들이라 하시겠지만.
참 부끄러운 일을 저질렀습니다.

새롭게 기회가 주어진다면 성경적인 지도자의 조건을 따라 나부터 바로 잡고 싶습니다.
내가 조건을 갖추면 그런 직분자들이 교회 안에서 우후죽순처럼 자라날 것이기 때문입니다.
그런 조건을 갖춘 직분자가 나타나지 않는다면 끝까지 기다릴 것입니다.

그리고 마침내 이런 조건을 갖춘 목사, 그런 직분자들이 세워질 때 교회는 영광으로 가득할 것이며, 그 영광의 빛으로 세상은 교회를 존경하게 될 것입니다.

【기도】 주님, 성경의 조건을 타협하지 않게 하소서!
【적용】 나부터 원칙 지키기!

 딛 1:10-16

영적 기상일보! 비 온 뒤 무지개

이 증거가 참 되도다 그러므로 네가 저희를 엄히 꾸짖으라 이는 저희로 하여금 믿음을 온전케 하고 [1:13]

바울 사도는 디도에게 그레데인 성도들을 엄히 꾸짖으라고 명령합니다.

그릇된 성도들을 꾸짖는 것도 그 꾸지람을 받아들일 만한 사람들을 꾸짖어야 합니다.
소귀에 경 읽기 하는 것 같은 성도들에게는 시간과 에너지 낭비입니다.
잘못 꾸짖다가는 반감만 사서 더 큰 문제를 만듭니다.
잘못하면 원수지간으로 변해 목회는 점점 힘들어집니다.
한두 명 잘못하는 것은 몰라도 대부분이 비슷비슷한 성도들인데 잘못 꾸짖다가는 목회자가 쫓겨날지도 모릅니다.

잘못하는 것을 알지만 막상 성도들의 삶의 내부를 살펴보면 꾸짖는 것이 과하다는 생각이 들곤 합니다. 오히려 위로가 더 필요한 성도들이 많습니다.
몇 주간 계속 꾸짖는 설교를 하면 대부분 성도들은 무척 불편해합니다.
일주일 내내 삶에 시달리다가 교회 나왔는데 목사마저 꾸짖으니 갈 데가 없습니다.
아마 계속 꾸짖다가는 다른 교회로 옮기는 것을 봐야 할 것입니다.
그래서 꾸짖다가는 바로 위로해 주고 격려해 줍니다.

또 하나 지울 수 없는 의구심은 꾸짖는다고 사람이 바뀌느냐 입니다.
참 큰 고민입니다.

이러한 여러 가지 부조리한 여건 속에서도 꾸짖는 일은 목회자의 중요한 사명입니다.
사실 설교의 바탕은 꾸짖는 것이기 때문입니다.
제대로 꾸짖지 않아서 문제가 생기는 것이지 꾸짖는 자체가 잘못된 것은 아닙니다.
목사의 사소한 감정풀이나 편협한 자기 이익을 위해 꾸짖는 것이 아니라면 설교는 꾸지람으로 가득 채워져야 합니다.
그래야 자복하여 회개합니다. 아니면 떠나든 할 것입니다.

주님이 설교하면 딱 두 편으로 갈라졌습니다.
회개하여 구원받는 그룹과 반항하여 씩씩거리며 등을 돌리는 자들.

성령님이 함께하시는 꾸지람은 성도의 본색을 드러냅니다.
꾸지람에 반응하는 것을 통해 양과 염소가 분별됩니다.

꾸짖는 것은 많은 에너지를 요구합니다.
기도도 많이 해야 하기 때문에 여간 스트레스를 받는 것이 아닙니다.
(태생적으로 꾸짖는 것을 즐기는 히스테리컬한 사람은 아니겠지만)

꾸짖을 때 아파하는 성도들을 생각하면 쉽게 할 수 없습니다.
그럼에도 꾸짖는 일에는 능통해야 합니다.
성도를 내 사람으로 만들기 위해 목회하는 것이 아니라 예수님의 사람 만드는 것이 목회이기 때문입니다.

예수님의 뜻대로 꾸짖는 것은 성도를 향한 사랑 없이는 할 수 없습니다.
꾸짖는 것은 사랑의 이복동생입니다.
쌍둥이가 아니라 이복동생 말입니다.

오늘도 에베소서 교회론을 주제로 설교할 계획인데 많은 부분 현재 성도들을 꾸짖는 내용입니다.
꾸짖음이 상처가 아닌 회개와 성경적인 교회와 성도의 회복을 위한 사랑의 회초리가 되기를 간절히 바랍니다.

오늘 날씨가 끄물끄물 비가 올 것 같습니다.
꾸지람을 들은 성도들의 마음이 비 온 뒤 찬연하게 떠오르는 무지개처럼 밝게 빛나기를 소망하면서 꾸지람의 채찍을 높이 듭니다.

"주여, 나를 먼저 때려 주소서!"

【기도】주님, 용기 주소서!
【적용】나를 먼저 살피고 회개하기!

 딛 3: 1-7

자연인, 종교인, 신앙인

너는 저희로 하여금 정사와 권세 잡은 자들에게 복종하며 순종하며 모든 선한 일 행하기를 예비하게 하며   [3:1]

주님은 디도에게 성도들로 하여금 세상에서 선한 일을 행하도록 훈련시키라고 말씀하십니다.
자연인에서 입교하여 교회생활을 잘하는 성도들을 보면 마음이 뿌듯합니다.
주일성수, 예배참석, 기도생활, 성경공부 등등, 교회 프로그램을 잘 따르는 성도가 많지 않기에 그런 분들을 보면 참 귀하다는 생각이 듭니다.

그러나 그런 분들 가운데 생활 속에서 다른 사람들에게 욕을 먹는 사람들을 봅니다.
교회생활은 흠이 없는데 생활 속에서 이웃들과의 관계에서는 많은 흠이 있습니다.
물론 자라나는 단계에서 나타나는 흠이야 어쩔 수 없습니다.
그러나 그것이 상습적인 현상이라면 주님이 바라는 신앙인은 아닙니다.
자칫하면 위선자라는 말을 듣기 쉽습니다.
목회자의 책임은 자연인을 단순히 그 교회의 교인을 만드는 것이 아니라 생활 속에서 주님의 영광을 나타내는 신앙인을 만드는 것입니다.

오늘 본문은 목회가 얼마나 적극적이어야 하는지를 보여주는 본문입니다.
자기 교회 교인 만드는 것에 만족하며 살 때가 많습니다.
성도들은 생활까지 간섭하는 것을 싫어합니다.
목사가 성도의 직장생활, 사업생활, 그리고 모든 이웃과의 관계, 금전관계 등을 일일이 점검한다면 성도들은 시험에 들 것입니다.
자신들의 치부가 드러나는 것을 원하는 성도는 없습니다.
그러나 주님은 성도들의 생활 전반을 점검하면서 생활에서 주님의 영광을 나타내는 온전한 신앙인을 양성하라고 하십니다.
교회생활에 착실한 것으로 만족하지 말고(속지 말고) 그들의 생활까지 파고들어가 온전한 신앙인을 만들어야 합니다.
제자훈련의 꽃은 교회 화단이 아니라 생활 속에서 피는 것이기 때문입니다.

앞으로는 좀 더 전투적으로 성도들을 훈련시켜야겠습니다.
만만치 않은 전쟁을 예고하는 것 같습니다.
그래도 피할 수 없는 전쟁이니 피 좀 흘려야겠습니다.
돈 떼먹은 사람, 일 시키고 임금 떼먹은 사업주, 회사 공금횡령한 사람, 생니 뽑아 군대 면제받은 사람이 우리 교회 출신이 아니기를 바란다면 제자훈련 지금처럼 널널하게 시켜서는 안 될 것 같습니다.
이번 주 제자훈련 3과 진행해야 하는데 각오를 새롭게 해야 할 것 같습니다.

【기도】 주님이 기뻐하시는 제자훈련의 목표를 이루게 하소서!
【적용】 내가 먼저 선한 삶을 살기!

 딛 3: 8-15

끝이 아름다운 사람

내가 아데마나 두기고를 네게 보내리니 그 때에 네가 급히 니고볼리로 내게 오라 내가 거기서 과동하기로 작정하였노라 [3:12]

디도는 사도 바울이 보내는 두기고가 도착하면 곧 사역지를 떠나야 합니다.
서둘러 목회지를 떠나 사도 바울에게로 가야 합니다.

디도는 언제든지 급히 떠날 수 있도록 준비를 하고 있어야 합니다.
또 디도는 그렇게 준비하고 있었을 것입니다.
이것은 사욕이 없는 목회자에게서만 볼 수 있는 아름다운 모습입니다.
떠날 때 질질 끌 수밖에 없게 만드는 것은 사적인 것들이 연관되어 있다는 증거입니다.

후임자를 불러 놓고 3년을 버티는 것은 심한 것을 넘어 추한 모습입니다.
그만큼 교회에 피해를 줍니다. 다 사욕 때문입니다.

사역은 사욕의 충족 수단이 아니기에 언제든지 떠날 수 있어야 하는데 고민입니다.
말기 암으로 투병하면서 목회를 하니 아무래도 교회에 피해를 주게 됩니다.

당장 담임목사 없이 새벽기도회나 평일 사역을 해야 하니 성도들에게 덕이 되지 못합니다.

건강하고 준비된 온전한 후임자에게 깨끗하게 물려주고 떠나야 하는 것은 아닌가 생각해 봅니다.
참 쉬운 일이 아닙니다.
아직 교회 사역에 미련이 많이 남아 있기 때문입니다.
펼치지 못한 비전을 두고 떠나기가 싫기 때문입니다.
사역과 사욕의 경계선이 겹쳐져 있습니다.

정말 주님이 급히 사역지를 떠나라고 하시면 당장 떠날 자신이 있을까 생각해 봅니다.
미련을 버리지 못한 채 머뭇거리며 주저하는 내 모습이 얼마나 추할까 연상됩니다.
그래서 옥 목사님은 당신의 나이가 얼마가 되면 교회를 사임한다고 대내외적으로 공포했는지 모릅니다.
그만큼 미련을 버리기가 힘들다는 반증일 것입니다.
다시 한 번 옥 목사님이 존경스럽습니다. 정말 큰 그릇입니다.

나도 언제든지 교회를 떠날 준비를 해야겠습니다.
내일 당장 떠나도 문제가 생기지 않도록 교회의 중요한 문제들을 정리해 둬야겠습니다.
교회재정, 행정, 자산관리 문제 등 클린하게 정리해 둬야겠습니다.
떠나가면 미해결 문제로 전화하지 않도록 깨끗하게 모든 것을 정리해야겠습니다.

성도들에게 마지막 떠나는 자리만큼은 아름다운 뒷모습이고 싶습니다.
단단히 준비하지 않으면 불가능하기에 각오를 다집니다.
"미련을 버리지 못해 성도들에게 미련한 목사로 남지 않으리라!"

【기도】 주님, 사욕을 이기게 하소서!
【적용】 교회에 얽힌 사적인 문제들 미리 정리해 두기!

故 김종성 목사 묵상집 1~4편 출간 및 신청 안내

　두란노 출판사가 제공하는 생명의 삶 게시판에 묵상글을 올렸던 故 김종성 목사님의 묵상집이 어느덧 제4편까지 나오게 되었습니다.

　이번에 나오는 묵상글들은 '하나님의 손맛'이라는 표지 제목을 가지고 '큐티로 열어가는 요한복음 · 히브리서 · 에베소서 · 골로새서 · 디도서 묵상노트' 형식입니다.

　2009년 3월부터 2011년 1월까지 생명의 삶 게시판에 글을 올렸던 그분은 경기도 동두천 시골마을 한 작은 지하교회에서 5년 동안 개척목회를 하시다가 2009년 12월 후두암 말기 판정을 받았는데 수술하면 목소리를 잃어버린다는 의사의 진단을 받고 성도들에게 설교하는 기회를 잃지 않기 위해 마지막 1년을 더 설교하시다가 주님 품으로 돌아가신 분입니다.

　그 당시 생명의 삶 게시판에서 함께 글을 올렸거나 글을 읽었던 독자들 중에 그분의 글이 이대로 게시판에 묻혀지고 없어지는 것을 안타깝게 여 분들이 뜻을 모아 묵상집 만들기를 시작했는데 어느덧 네 번째 책까지 오게 되었습니다.

　고인의 책을 만들어 세상에 내놓는 일에 참여하는 분들 중에는 그분을 개인적으로 만났거나 아는 분들이 아무도 없지만 처음 시작했던 이 일의 초심을 잃지 않고 마지막까지 책을 펴내기 위해 십시일반 협력하고 있습니다.

　이 책의 저자가 되는 故 김종성 목사님은 전혀 유명하지도 않은 분이며 지명도도 없는 분이라 기독교계 출판사들을 찾아다니며 출판을 의뢰해 보았지만 수익성이 없다는 이유로 모두 거절당하여 부득이 생명의 삶 게시판에서 뜻을 함께했던 분들이 협력하여 지금까지 자비 출판을 해왔습니다.

　이번에 나오게 되는 묵상집 제4편 '하나님의 손맛'을 출간하면서 그동안 출간된 책들을 소개해 드림으로 관심 있는 독자들의 구입 편의를 도모하고자 아래와 같이 구매에 대한 소개를 올립니다.
　책을 판매하는 것보다 다음 책을 출판하기 위한 후원금 조성 차원에서 출간 안내와 신청 방법을 올리오니 이해해 주시고 많은 신청 있기를 바랍니다.

묵상집 신청 방법

그동안 출간되었던 책은 아래와 같습니다.

제1편: 병들고 은혜 안으로 [2011년 6월 출판]
제2편: 하나님과 함께 춤을 [2011년 9월 출판]
제3편: 한 알의 밀이 땅에 떨어져 [2012년 2월 19일 추모 1주년 기념출판]
제4편: 하나님의 손맛 [2012년 9월 출간 예정]

위의 도서 중 신청하고자 하시는 책들을 아래 방법으로 신청해 주십시오.

1. Cafe 생명의 삶과 함께하는 사람들 '묵상집 신청방'에서 신청하십시오.
2. 익명으로 신청하기 원하는 분들은 아래 이메일로 신청하십시오.
   E-mail: seaeast@hanmail.net

※ 묵상집 제4편 구입 온라인 계좌
  - 국민은행 205502-04-422447, 예금주: 홍지현(故 김종성 목사님의 미망인)

신청하실 때 택배 발송을 위한 주소와 전화번호는 필수입니다.
감사합니다.